中国水利绿色发展研究

栗欣如 姜文来 著

国家社会科学基金重大项目（21ZDA056）
中国农业科学院联合攻关重大科研任务（CAAS-ZDRW202012）
中央级公益性科研院所基本科研业务费专项（161013202101）资助

中国农业科学技术出版社

图书在版编目（CIP）数据

中国水利绿色发展研究 / 栗欣如，姜文来著. --北京：中国农业科学技术出版社，2021.11

ISBN 978-7-5116-5592-9

Ⅰ.①中… Ⅱ.①栗…②姜… Ⅲ.①水利建设—经济发展—研究—中国 Ⅳ.①F426.9

中国版本图书馆CIP数据核字（2021）第239156号

责任编辑　李　华　崔改泵
责任校对　贾海霞
责任印制　姜义伟　王思文

出 版 者	中国农业科学技术出版社
	北京市中关村南大街12号　邮编：100081
电　　话	（010）82109708（编辑室）（010）82109702（发行部）
	（010）82109709（读者服务部）
传　　真	（010）82106650
网　　址	http://www.castp.cn
经 销 者	各地新华书店
印 刷 者	北京建宏印刷有限公司
开　　本	185 mm×260 mm　1/16
印　　张	12
字　　数	209千字
版　　次	2021年11月第1版　2021年11月第1次印刷
定　　价	85.00元

版权所有·翻印必究

内容提要

水利绿色发展是水利发展永恒的主题，更是支撑国家绿色发展理念的重要基石。本书以水利绿色为核心，从水利绿色发展国内外研究进展、理论分析框架、评价指标构建、时空格局演变、影响因素实证分析、水利绿色发展机制与路径选择等多角度进行阐述，是国内外首部系统论述水利绿色发展的专著，可供从事水利、环境、生态、地理、区域发展的工作人员参考，也可作为相关专业大中专学生和研究生的参考书。

自 序

绿色发展关系到我国发展全局，关系到国家现代化建设，关系到中华民族伟大复兴。水利作为绿色发展重要支撑，水利绿色发展具有难以替代的重要使命，它不仅关系到水利可持续健康发展，更关系到绿色发展的成效，也与民族兴旺密切相关。水利绿色发展是水利发展永恒的主题，努力实现水利绿色发展是当前和今后相当长一段时间内全社会的重大使命。

2005年6月3日，应《中国水利》杂志社的邀请，我在"《中国水利》杂志专家委员会会议暨节水型社会建设高层论坛"上做了"绿色水利及其与节水型社会关系研究"主题发言。当时，绿色理念已引起环境学界高度重视，我受此启发，深刻意识到水利发展必须走绿色之路，于是提出了"绿色水利"概念。绿色水利是指在水资源开发、利用和废弃全过程中保护生态和环境且节水高效地利用水资源的行为与文化，它在兼顾水资源经济属性、社会属性和环境属性的基础上，包含了保护环境、水资源生命周期、节水高效和"绿色+水利+文化"4个基本思想，绿色水利是我国水利发展的方向。此发言全文发表在《中国水利》杂志专家委员会会议暨节水型社会建设高层论坛专辑上，此后我一直为绿色水利鼓与呼。为了进一步推进绿色水利，我又提出"构建利水型社会"理念，与王建合作出版了《利水型社会》著作，还专门从农业的角度发文提出构建"利水型农业"，这些都是水利绿色发展前期探讨。绿色发展理念提出以后，我意识到水利必须对绿色发展起到保驾护航的作用，水利绿色发展势在必行，于是对水利绿色发展开始了探讨，出版了《水利绿色发展》专著，但此书并不系统，只是将相关文章进行了结集。我内心深处一直想对水利绿色发展做比较深入系统的研究，只是心有余而力不足。

我和栗欣如第一次学术深入接触是审阅她的硕士学位论文。她的导师尤飞研究员推荐我做她的硕士学术论文审阅人，我理解尤老师的意思，让我充分了解栗欣如的学术能力。我读了她的学术论文，论文通畅，逻辑性强，有一定的新意，感觉该生具有进一步培养的潜力，有意招收她为我的博士生。栗欣如同学不负众望，通过自己的努力在激烈的竞争中考取了我的博士研究生，从此开始了水利绿色发展的探索。

在博士论文选题上，我特别希望她做水利绿色发展方面的论文，完成我的夙愿。经过慎重思考，栗欣如同学选择了这个具有挑战性的前沿题目，从此开始迈入水利绿色发展研究的深水区。当时有关水利绿色发展的文献很少，为学术研究增添了困难，她还有点畏难情绪，我鼓励她虽然面临很大挑战，但也有更多的机遇，前进一步就是新的东西。于是她的心沉静下来，刻苦学习，从水利绿色发展理论分析框架、水利绿色发展指标构建与评价、水利绿色发展时空格局演变、水利绿色发展影响因素实证分析、水利绿色发展机制与路径选择等多角度开展了系列研究，取得了较为丰硕的成绩，完成了国内外少有的深入系统的水利绿色发展研究成果，主要创新点包括：一是构建了水利绿色发展的理论框架，提出水利绿色发展水平双维度定量评估方法；二是提出了省域尺度的中国水利绿色发展时空差异和演变特征；三是揭示了水利绿色发展的影响因素及其区域差异性。此成果为水利绿色发展研究和实践奠定了坚实的基础。

非常感谢栗欣如同学的艰苦拼搏，将水利绿色发展研究向前推进了一步，也了却了我的一个心愿。栗欣如同学学术研究积极主动，办事认真细腻，一些事情我想办还没有和她说她就先做到，特别是研究遇到问题时，她及时沟通，想方设法突破。读博期间，在《Journal of

Environmental Management》等杂志发表多篇学术论文，显示出她具有较深厚的科研功底和学术能力，是一个非常有前景的学术青年，作为导师我由衷感到欣慰。在做论文期间，正赶上新冠肺炎疫情暴发，她被困在河南濮阳家里，论文写作是伴随着她侄女的啼笑完成的，同时鸡鸣狗叫星星闪烁让论文更接地气，将论文写在大地上需要进一步努力，但论文真正是在农村大地上写就的，也是特殊时期的特殊记忆。

感谢中国农业科学院农业资源与农业区划研究所农业布局与区域发展团队首席罗其友研究员在工作、生活上的大力支持，感谢研究室各位同仁鼎力相助，感谢所领导和所科研处等相关部门的无私支持，感谢栗欣如博士辛勤付出和努力！

祝愿水利发展更加繁荣昌盛，祝福栗欣如博士在学术上百尺竿头更上一层楼，在生活上幸福安康，一切如意！

姜文来

中国农业科学院农业资源与农业区划研究所 研究员 博士生导师

2021年10月

前　言

水，国之命脉。"大国重器必须掌握在自己手里"。改革开放40多年来，水利发展始终以解决人民群众最关心、最直接、最现实的问题为重点，水利基础设施网络加速建设，特别是党的十八大以来，在"节水优先、空间均衡、系统治理、两手发力"治水方针指引下，新中国治水取得了新的历史成就。但与此同时，我国仍面临人多水少，水资源时空分布不均、与生产力布局不相匹配，水资源配置与经济社会发展需求不相适应的矛盾，成为新阶段我国发展面临的重大战略问题。从问题导向把握新发展理念，要针对这些问题深挖根源、找准病因，系统治理，走出一条生态优先、绿色发展之路迫在眉睫。从绿色发展视角审视水利发展，将在一定程度上丰富水利绿色发展理论，为水利可持续发展提供重要参考。

本书基于基础统计数据和空间统计等研究方法，构建了我国水利绿色发展理论分析框架，提出定量化的水利绿色发展评价模型，并在此基础上对全国水利绿色发展水平的时间演化和空间分布进行分析，运用空间计量模型以知识禀赋和资源禀赋为核心变量对水利绿色发展进程社会要素、经济要素、资源要素和政策要素的影响因素进行研究，进而分析水利绿色发展实现机制，探究不同空间分类下水利绿色发展差异化路径。全书共分8章，第1章引言，系统阐述研究目的意义、研究内容和研究方法等内容。第2章文献综述与理论基础，梳理了水利绿色发展相关的国内外文献及相关理论。第3章水利绿色发展理论分析框架，提出水利绿色发展的特征内涵和双维度分析框架。第4章中国水利绿色发展指标构建与评价，从水利绿色发展的核心内涵出发，构建基于"经济—社会—生态"和"输入—响应—输出"双维度关联的水利绿色发展评价体系，测算了全国及省域层面2010—2017年水利绿色发展指数。第5章中国水利绿色发展时空格局演变，分析了全国31省（自治区、直辖市）

水利绿色发展的空间特征,并引入冷热点分析方法对其空间异质性进行分析。第6章水利绿色发展影响因素的实证分析,采用空间Tobit模型探析水利绿色发展的影响因素,并对这些影响因素进行实证检验。第7章水利绿色发展机制与路径选择,将水利绿色发展影响因素的作用提升到理论层面,再进一步回到对现实问题的解释。第8章主要结论,总结阐述研究的主要结论。附录围绕灌溉用水效率进行专题研究,分析了全国灌溉水有效利用系数时空变化、农业节水重点方向、高效节水灌溉效率提升等内容。

本书出版得到国家社会科学基金重大项目"耕地—技术—政策融合视角的'两藏'战略研究"(21ZDA056)、中国农业科学院联合攻关重大科研任务"新时期国家粮食安全战略研究"(CAAS-ZDRW202012)和中央级公益性科研院所基本科研业务费专项(1610132021013)资助。

著 者

2021年10月

目 录

1 引言 ·· 1
   1.1 问题的提出 ··· 2
   1.2 研究目的与意义 ··· 5
   1.3 研究内容、方法与技术路线 ································· 5
   1.4 研究的创新点 ·· 9

2 文献综述与理论基础 ·· 10
   2.1 相关研究进展 ·· 10
   2.2 理论基础 ··· 18

3 水利绿色发展理论分析框架 ······································ 23
   3.1 水利绿色发展定义及相关概念辨析 ······················ 23
   3.2 水利绿色发展特征 ·· 26
   3.3 水利绿色发展的内涵 ··· 27
   3.4 水利绿色发展双维度解析 ··································· 30
   3.5 本章小结 ··· 33

4 中国水利绿色发展指标构建与评价 ··························· 34
   4.1 基于双维度关联的水利绿色发展评价方法构建 ········ 34
   4.2 水利绿色发展指数模型构建 ································ 43
   4.3 中国水利绿色发展指数 ······································ 48
   4.4 本章小结 ··· 78

5 中国水利绿色发展时空格局演变 ························ 79
5.1 水利绿色发展水平空间分布演变 ······················ 79
5.2 水利绿色发展水平总体空间异质演变 ··················· 82
5.3 中国水利绿色发展空间分异主控因子分析 ··············· 87
5.4 本章小结 ·· 92

6 水利绿色发展影响因素的实证分析 ························ 94
6.1 变量选取与模型设定 ································ 94
6.2 东部地区水利绿色发展影响因素分析 ·················· 102
6.3 中部地区水利绿色发展影响因素分析 ·················· 104
6.4 西部地区水利绿色发展影响因素分析 ·················· 107
6.5 三大区域水利绿色发展影响因素比较 ·················· 109
6.6 本章小结 ······································· 111

7 水利绿色发展机制与路径选择 ··························· 112
7.1 水利绿色发展机制理论思路和逻辑 ···················· 112
7.2 水利绿色发展机制构成 ···························· 114
7.3 水利绿色发展实现机制的运行机理 ···················· 124
7.4 中国水利绿色发展路径选择 ························· 125
7.5 本章小结 ······································· 129

8 主要结论 ·· 130

参考文献 ··· 133

专题研究1 Spatio-temporal Analysis of Irrigation Water Use Coefficients in China ································ 151

专题研究2 农业节水：重点在田间 ························· 172

专题研究3 高效节水灌溉是推进农业绿色发展的重要途径 ······· 176

1　引言

"水者，何也？万物之本原也，诸生之宗室也"[①]。人类与水的关系经历了一系列变化，人类傍水而居，开发利用水源的同时也受水旱灾害威胁。在我国的各个历史时期，人类与水患灾害斗争不断，以寻求人水和谐之路，涌现出了一系列水思想：大禹时期的开渠引水，春秋时期的水流理论（韩春辉等，2015），宋代王安石的农田水利法（韩榕桑，1993），20世纪70—80年代的下游导、引、分洪水，加固修复堤防，20世纪90年代的"上蓄渗、中拦截、下导分引"的治水思路（梅泽本，2004），以及新时期的"节水优先、空间均衡、系统治理、两手发力"十六字治水方针[②]。人类治水思路的变化体现了人类对水利的安全性需求、经济型需求向舒适性需求的转变（王亚华，2013）。人类对水的开发利用大致经历了以防洪建设为主、以供水建设为主、以水资源保护为主、以景观建设为主和以生态修复为主5个阶段（刘树坤，2002）。但现阶段，来自人口、工业发展和社会建设的压力使我国水资源环境遭到一系列破坏，新老问题并发，如防洪方面，部分堤防工程尚未达标（李志龙，2013），特别是中小河流防洪体系还不完善；供水方面，一些区域存在资源性缺水（陈岩等，2019）和工程性缺水（刘秀兰，2013）；生态文明建设方面，水土流失（蔡壮和黄金峰，2013）、地下水超采（张兆吉等，2009）、生态破坏（王亚华等，2006）等现象在部分区域仍突出；对水文水资源动态监测预警预报体系有待加强（周昕薇等，2006；邹胜章等，2019），为水资源保护、水景观建设和水生态修复带来很大难度。因此，破解水利发展困境，走出一条生态优先、绿色发展之路迫在眉睫。综上，从绿色发展视角下对水利发展的研究十分迫切和必要，它是绿色发展理念在水利

[①]　出自《管子》。
[②]　2014年3月14日，习近平总书记在中央财经领导小组第五次会议上的讲话。

创新驱动发展的重要体现，是在水生态文明理论和美丽中国建设基础上的重要理论探索。为水生态问题、水环境污染问题提供理论参考，具有重要的理论意义和现实意义。

基于此，本书构建了我国水利绿色发展理论分析框架，提出定量化的水利绿色发展评价模型，并在此基础上对全国水利绿色发展水平的时间演化和空间分布进行分析，运用空间计量模型以知识禀赋和资源禀赋为核心变量，从社会要素、经济要素、资源要素和政策要素角度研究水利绿色发展水平的影响因素，进而分析水利绿色发展实现机制，探究不同空间分类下水利绿色发展差异化路径。

1.1 问题的提出

首先考察我国水利发展的基本态势，并在此基础上勾勒出本书要研究的问题。

1.1.1 我国水利发展基本态势

态势1：水资源供需矛盾有待化解

水是生活之基，生产之要。水资源的供需矛盾主要表现在总量供需矛盾、区域性供需矛盾和季节性供需矛盾。一是全国人均水资源贫乏。据联合国粮农组织统计，中国年可再生水资源量占世界第五位，为28 130亿m^3，但我国人口众多，人均国内可再生水资源量仅为1 952m^3，远远低于世界平均水平（15 407.78m^3），处于中度缺水边缘线[①]。根据《2019年世界水资源开发报告》，中国水资源压力指数大于25%[②]。二是区域水资源不均衡，南方多、北方少，东部多、西部少，山区多、平原少。2017年中国北方水资源量占全国水资源量的17.55%，南方占82.45%。从万元GDP用水量看，全国31省（自治区、直辖市）（不含我国港、澳、台地区）有15个省级行政单元的万元

---

① 按照国际公认的标准，人均水资源低于3 000m^3为轻度缺水，人均水资源低于2 000m^3为中度缺水，人均水资源低于1 000m^3为重度缺水，人均水资源低于500m^3为极度缺水。

② 水压力在这里定义为所有主要部门（包括环境需水量）每年抽取的淡水总量与可再生淡水资源总量之比，以百分比表示。

GDP可用水量低于全国水平①，其中北京仅为14.1m³，而新疆达到507.54m³。三是水资源季节性矛盾突出，春冬少雨、夏秋多雨。可见，中国水资源供需不均衡问题依然十分明显，如何在资源分配不均的情况下合理、高效利用水资源是当前亟待解决的问题。

态势2：水资源利用全过程中对经济和生态的影响有待重新评估

水资源在一定条件下是可再生资源，同时也是有限性资源，具有生命周期性，主要考虑水资源开发、利用、治理配置和管理保护的循环过程。地区水资源特征影响着社会经济的可持续发展和生态环境的良性循环（刘聚涛和李荣昉，2013），任何试图追求永久性增加产出的路径都将最终耗尽资源（王小鲁，2000）。实际上，中国近年来不再单靠着GDP增长的概念推动发展，而将生态系统服务纳入发展评价体系中。但水资源开发过度对生态环境的负向影响不容忽视，如2017年全国6省（市）地区用水总量高于地区水资源量；海河流域水资源利用率高达90%以上，这远远超过了40%的河流合理开发阈值；受传统习惯的影响和技术条件的限制，目前我国用水浪费现象严重，用水效率远低于国际水平；废水、污水的排放严重影响了地表水和地下水水质，且水污染治理措施配套不足。这一现象从侧面反映了我国水利发展路径有待进一步优化，因此，重新评估水利发展过程中对经济和生态的影响是当前亟待研究的一个重要课题。

态势3：人民群众美好生活的水利需求有待满足

在生态文明建设的大背景下，随着社会经济发展水平的提升，人民群众对水利的需求逐渐转变，对水利的舒适性需求逐渐增加，而安全性需求和经济性需求趋于稳定（王亚华等，2013）。对水利舒适性需求的一个重要方面就是人们对饮水安全的需求，对干净水、安全水和放心水的渴望。但水资源短缺、水生态损害、水环境污染等新问题不断凸显，越来越成为人民群众对水利舒适性需求的重要制约。如2017年吉林、黑龙江、河南、湖南、四川、贵州、西藏等省（区）县城供水普及率低于90%，其中吉林省县城供水普及率仅为78.93%。农村人口供水保障水平也需要进一步提升，2017年全国村庄

---

① 根据《2018年中国统计年鉴》中统计数据计算。

供水普及率为75.51%，12省份村庄供水普及率低于全国平均水平，其中吉林省村庄供水普及率仅为53.79%。由此引发的一个值得我们深思的问题是，如何更好地调整治水思路，以利于水生态、水环境状况与人民对美好生态需求之间协调性的提升，从而增强人民群众获得感、幸福感和安全感？

态势4：治水矛盾的转化导致水利管理体制机制有待完善

我国治水的主要矛盾已经从人民群众对除水害兴水利的需求与水利工程能力不足之间的矛盾，转化为人民群众对水资源水生态水环境的需求与水利行业监管能力不足之间的矛盾[①]。这说明水利发展过程中人与人之间的关系变得更加重要。水利发展是一个动态的复杂过程，人是主要行为主体，政府、企业、公众之间相互博弈，进而影响主体的决策。那么，在博弈中对水利绿色发展过程（尤其是水环境保护、水环境治理过程）的监管具有重要实践作用，为水利发展的宏观调控提供数据等基础支撑。可见，分析各因素与水利绿色发展之间的复杂关系，识别水利绿色发展的监管机制，提出现实路径选择的研究必不可少。

1.1.2 提出问题

由1.1.1节中的水利发展态势可知，水利对社会、经济发展和生态均有重要意义。但长期以来由于经济高速发展、水利供给与需求之间的矛盾所带来的水生态环境"欠账"过多，对保障水安全提出了双重挑战，即水利发展方式的挑战和水利发展机制的挑战。基于以上考虑，水利发展迫切需要转变发展思路，推进水利绿色发展。水利与绿色发展理念的结合是一个理论和方法上的创新，而理论分析和方法解决将直接影响能否对水利绿色发展有清晰、准确的了解。本书在分析水利发展面临问题、吸收相关理论内涵和梳理国内外研究成果的基础上，提出以下4个与水利绿色发展紧密相关的问题。

（1）水利绿色发展的核心内容是什么？各部分内容之间是否有关联关系？

（2）能否定量测算地区水利绿色发展水平？

（3）水利绿色发展的影响因素有哪些？

---

① 鄂竟平，2019. 工程补短板 行业强监管 奋力开创新时代水利事业新局面[EB/OL]. http://www.mwr.gov.cn/ztpd/2019ztbd/2019qgsltjzhy/zyjh/201901/t20190130_1107388.html.

（4）水利绿色发展机制和路径选择是怎样的？

1.2 研究目的与意义

本研究旨在解决上述提出的4个关键性问题，加快从传统水利向绿色水利转变，提高水资源要素与经济要素、社会要素和生态要素的适配性，有利于国家水安全问题的解决，具有重要的理论和现实意义。

1.2.1 理论意义

本研究在一定程度上丰富了水利绿色发展理论。当前国内对水利绿色发展理论研究较少，已有文献主要集中在水资源利用、水环境治理、水利基础设施供求等方面，对水利绿色发展的定量化研究和实现机制尚且不足。研究根据可持续发展理论、循环经济理论等理论及水利发展态势，构建了水利绿色发展理论构架，为解决水利发展中存在的不平衡不充分问题提供思路，为不同地区水利绿色发展提供理论参考。

1.2.2 现实意义

绿色发展是生态文明建设的必然要求（习近平，2016）。水利历来是治国安邦重要基石，本研究以"理论构建—定量测算—时空格局—影响因素—实现机制"为主线，构建水利绿色发展水平测算指标体系，全面分析了全国水利绿色发展水平时间演化和空间格局分布特征，并以知识动机和资源动机为核心变量研究水利绿色发展的影响因素，据此提出水利绿色发展机制和路径选择。研究结果将为地区推进水利绿色发展提供实践方向，为水利可持续发展提供一种新的实践道路，为绿色发展和生态文明建设提供参考。

1.3 研究内容、方法与技术路线

1.3.1 研究内容

首先对国家政策、现有研究成果进行梳理，对与水利发展相关的概念进行辨析和界定；通过梳理中国水利发展历程及其存在的问题，在可持续发展理论、绿色发展理论等相关理论的基础上构建了水利绿色发展理论分析框架；归纳总结已有研究的绿色发展指标体系，遴选出水利绿色发展指标，从"经济—社会—生态"和"输入—响应—输出"两个维度，运用熵值法构建水利绿色发展指数测算模型，包含17项评价指标；据此计算全国31省（自治区、直辖市）2010—2017年水利绿色发展水平的时间演化特征和空间异质性特征；从知识性动机和资源动机入手，分析水利绿色发展过程中的影响因素；最后提出水利绿色发展的机制和路径选择。

基于上述研究目标，对本书研究内容做如下安排。

（1）构建水利绿色发展理论框架。立足于可持续发展理论、人水和谐理论、绿色发展理论等相关理论，梳理其包含的基本思想、基本特征，从水资源开发、利用、保护和效益等角度解读水利绿色发展的合理化开发、高效化利用、生态化输出、人文化效益和常规化监管的"五化"核心内涵；基于此，从耦合协同角度阐述水利绿色发展理论分析框架。

（2）提出水利绿色发展定量评价方法。基于水利绿色发展理论框架，构建"经济—社会—生态"和"输入—响应—输出"双维度的评价指标体系；在此基础上，借鉴耦合协调概念，提出水利绿色发展水平定量测算模型。

（3）解析中国水利绿色发展时空分布特征与障碍因子。对中国31省（自治区、直辖市）2010—2017年水利绿色发展水平进行测算；分析水利绿色发展的"经济—社会—生态"和"输入—响应—输出"维度指数时间变化趋势和空间格局演变；解析中国水利绿色发展水平的时空变迁、空间相关性和异质性；运用障碍度模型，识别水利绿色发展的制约因子。

（4）揭示水利绿色发展影响因素及其区域差异性。在阐述研究争论的基础上，选取影响因子，对全国东、中、西部地区样本2010—2017年数据，在面板Tobit模型、空间自相关模型、空间自回归模型、空间杜宾模型和空间误差模型中进行选择；运用选定的模型对全国总体水利绿色发展水平的影响因素进行分析，从宏观层面研究水利绿色发展影响因素；然后对东、中、西部区域水利绿色发展水平影响因素分别分析，进一步挖掘影响因素作用的地域差异性。

（5）阐明水利绿色发展机制与路径选择。在水利绿色发展理论构架和实证结果的基础上，理顺各因素与水利绿色发展之间的复杂关系，阐明水利绿色发展的合理化开发、高效化利用、生态化输出、人文化效益和常规化监管"五化"机制构成；结合中国水利发展现状，提出水利绿色发展的路径选择。

1.3.2 研究方法

综合使用熵值法、水利绿色发展指数模型、障碍度模型、探索性空间数据分析方法、空间Tobit模型等研究方法，以此来构建本研究的方法体系。

（1）熵值法。熵值法是指用来判断某个指标离散程度的数学方法。离散程度越大，表明该指标对综合评价的影响越大。此方法主要应用于"水利绿色发展指数模型构建"，研究重点是客观地确定水利绿色发展指数测算指标的权重。

（2）水利绿色发展指数模型。水利绿色发展指数模型是基于耦合协调度模型进行优化后的模型。耦合协调度模型是借助耦合概念，定量评价2个以上系统或系统要素间的耦合关系。本书根据水利绿色发展指数指标体系，对耦合协调度模型进行优化用于定量评价水利绿色发展的双维度六大系统间的耦合关系，测算全国或地区水利绿色发展指数，反映水利绿色发展的水平。

（3）障碍度模型。障碍度模型主要用于分析系统评价指标对总体水平的制约程度。本书引入障碍度模型，对中国水利绿色发展区域差异的主控因子进行诊断识别。此方法主要应用于"中国水利绿色发展空间分异主控因子分析"研究中，来探究水利绿色发展的空间分异原因，以便在提升水利绿色发展水平过程中精准施策。

（4）空间统计分析。空间统计分析是基于空间位置和属性的空间分析方法，对空间对象之间关系进行分析。最常用的工具为Moran's I、LISA及Getis-Ord G_i^* 指数，揭示事物空间相互作用关系和异质程度。此方法主要应用于"水利绿色发展时空格局演变"研究中，用来探究水利绿色发展的空间依赖性和异质性。

（5）空间Tobit模型。空间Tobit模型的构建主要应用于"水利绿色发展影响因素实证分析"，分析水利绿色发展过程中社会、经济和政策因素的作用及其方向，识别促进和制约水利绿色发展的因素。

1.3.3 技术路线

中国水利绿色发展研究技术路线见图1-1。根据研究目的和内容布局，在水利发展事实和文献综述的基础上，引出全文的4个核心问题，沿着"理论构建—定量测算—时空格局—影响因素—实现机制"的技术路线展开。

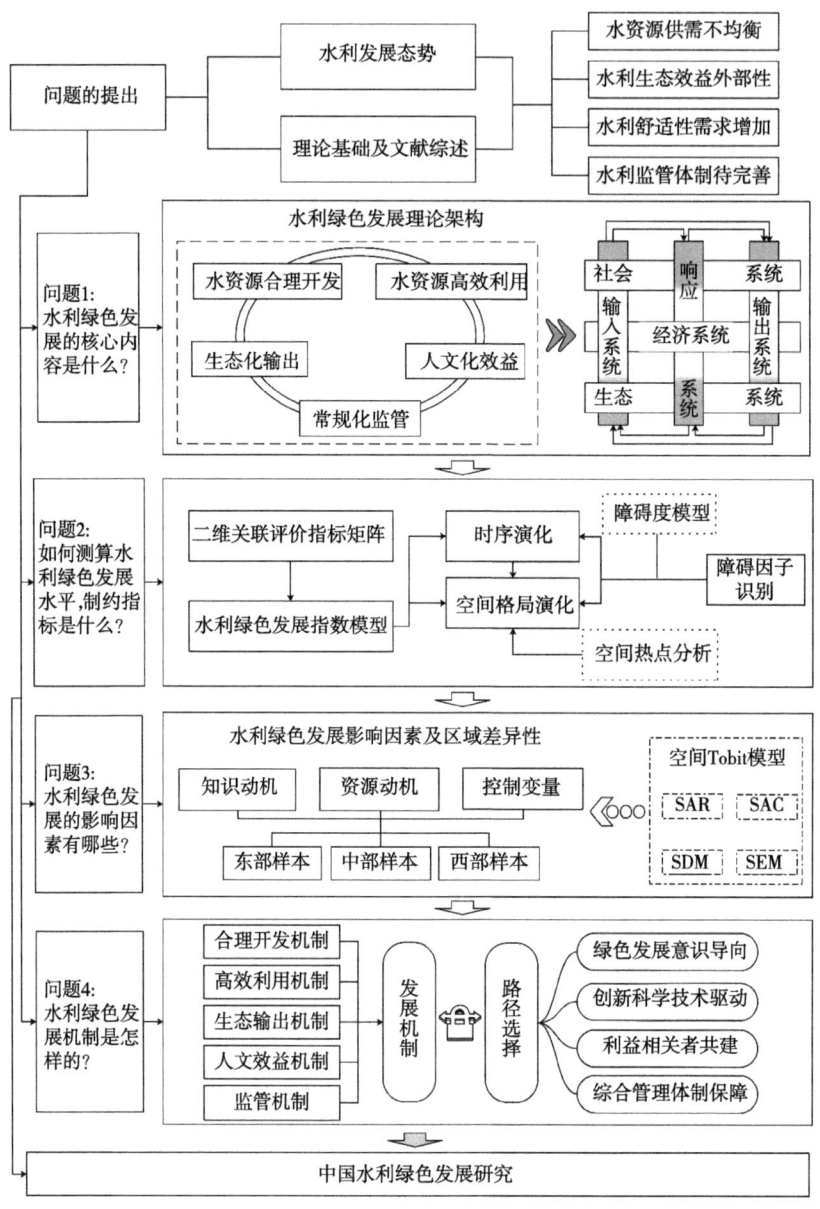

图1-1 技术路线

Figure 1-1 Technology roadmap

(1) 水利绿色发展理论框架。提出水利绿色发展的"五化"核心内涵，引出理论分析框架。

(2) 水利绿色发展水平测算、时空演变及制约因子。基于构建的双维度关联指标评价模型，测算中国水利绿色发展水平，进而用空间热点分析等方法探究中国水利绿色发展的时空演变特征。将障碍度模型运用于识别区域水利绿色发展的制约因子中。

(3) 运用空间计量技术，解析水利绿色发展的影响因素及其在不同区域样本间的差异。

(4) 建立水利绿色发展机制和路径选择。

1.4　研究的创新点

论文以"理论构建—定量测算—时空格局—影响因素—实现机制"为主线，系统探讨了中国水利绿色发展理论内涵和定量特征。主要创新点如下。

(1) 初步建立了水利绿色发展的理论框架和评价指标体系。首次提出水利绿色发展的"五化"核心内涵，即合理化开发、高效化利用、生态化输出、人文化效益和常规化监管；构建了基于"经济—社会—生态"和"输入—响应—输出"双维度关联的评价指标矩阵，提出了双维度水利绿色发展测算方法。

(2) 揭示了中国水利绿色发展时空差异和特征。从省域尺度出发，剖析了中国2010—2017年31省（自治区、直辖市）的水利绿色发展特征，揭示了水利绿色发展的时间变化趋势和空间异质性演变格局。

(3) 明晰了水利绿色发展影响因素及其区域作用差异。以知识动机和资源动机的代理因素为核心解释变量，引入空间面板Tobit模型，分区域样本分析了影响因素对被解释变量水利绿色发展水平的作用方向。

2 文献综述与理论基础

2.1 相关研究进展

2.1.1 研究现状

2.1.1.1 绿色发展的概念研究

日益严重的生态问题的出现，引起了20世纪60年代经济学家们的反思，传统的发展模式需要改进和创新。卡逊、波尔丁、米都斯等著名经济学家都对这一问题进行了思考，探索解决或缓解问题的方法。可持续发展概念的明确提出，为绿色发展理念的形成奠定了基础。1989年《绿色经济的蓝图》（皮尔斯著）提出了能够实现可持续发展的经济方式，称为"绿色经济"。之后，政府和学者们都对此做了一系列研究，绿色发展理念也逐渐形成（图2-1）。绿色发展的研究仍然以发展问题为研究对象，认为绿色发展需要建立在生态环境容量和资源承载力的约束条件下。绿色发展被定义为一种可持续发展模式，与循环经济的发展目标相似，都在处理人类的行为活动与生态环境的共生和谐。与之不同的是，绿色发展的要求更高，不仅要求资源的开发合理、利用方式循环，还要求发展的结果达到人与自然的协调。

中国学者对绿色发展的研究中，最具有代表性的是胡鞍钢（2012），认为绿色发展理论的来源是中国传统"天人合一"思想、马克思主义自然辩证法和可持续发展理论的共同作用。也有学者认为绿色发展的概念是在生态文明的基础上提出的，绿色发展是绿色化在发展模式上的体现（赵建军，2015）。两种观点的共同之处是，都认为绿色发展是在传统发展道路上的创新。那么到底什么是绿色发展呢？胡鞍钢（2012）认为，这种创新道路是将经济、社会和生态视为一个整体，不仅要合理消费资源、减少污染物排放，同时还要努力使生态资本得到增加,强调创新方式的绿色,既要绿色财富又要绿色生态福利,这不仅是人与自然之间的和谐,还是人与人之间的和谐。这一观点得到了很多学者的认同,其中,张乾元等(2017)认为绿色发展的内在生产力有3个方面,即资源环境的可持续、人与自然的和谐、经济持续发展。这3个方面也是绿色发展模式的目标。黄茂兴等(2017)把绿色发展的理论总结为5个方面:人与自然关系的动态性和全面性;人与环境和谐共融是生产力提升的动力;人与环境通过城市、农业、生态安全格局等各种载体连接形成了多维立体关系;保障人的主体地位和能动地位;人与环境关系的自然规律和约束机制。

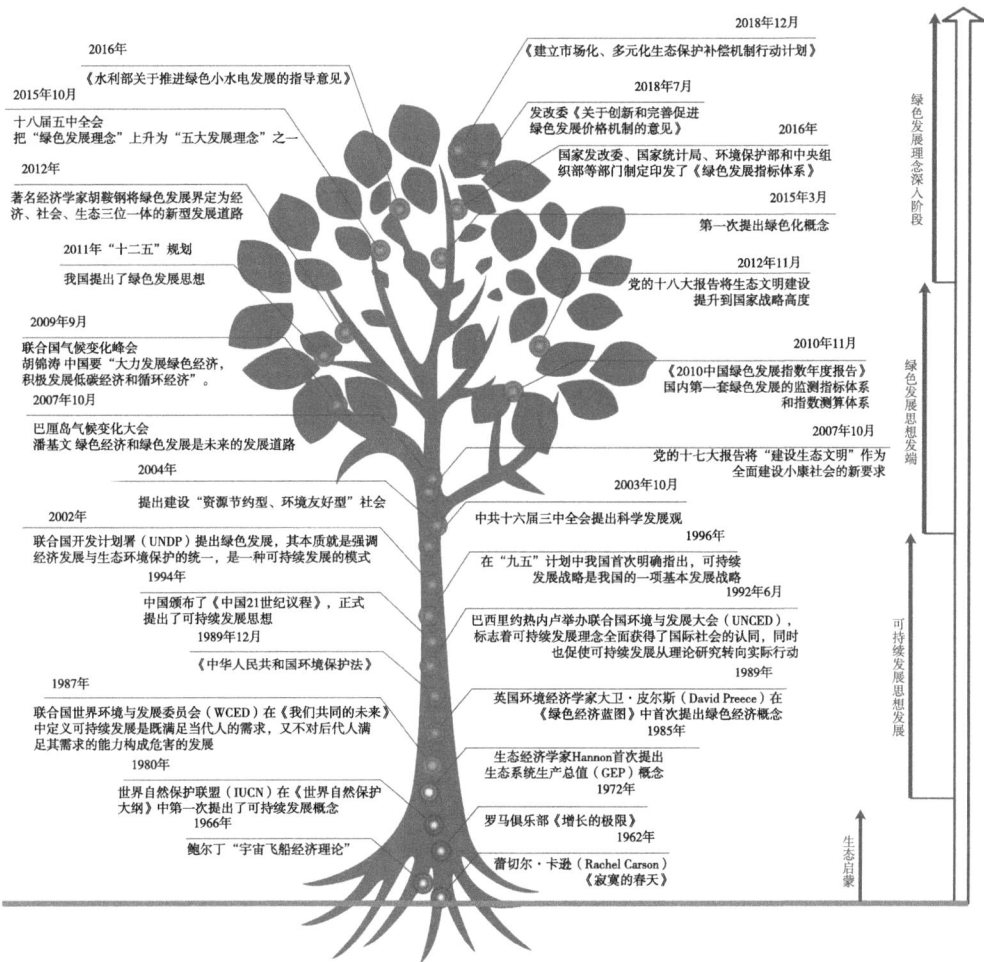

图2-1 水利绿色发展理念起源树

Figure 2-1 Origin tree of water conservancy green development

(注:作者根据资料绘制)

绿色发展理念已经在社会发展和资源利用等方面体现，如绿色经济、绿色金融、绿色能源、绿色制造、绿色农业等。其中，对农业绿色发展概念的理解主要从技术装备、管理和资源有效利用、配置展开，同时在提高农业综合经济效益的同时，保护环境，节约资源（焦翔，2019）。具体表现形式有循环农业、生态农业和绿色农业等。资源节约和环境友好，主要体现在循环农业、生态农业和绿色农业等。于法稳（2018）认为农业绿色发展的核心是水土资源的保护。绿色经济的概念则更多从资本视角展开，协调增加人力资本，减少自然资本消耗（诸大建，2012）。低碳经济和循环经济也是绿色发展的重要组成部分。虽然对绿色发展的相关概念还未统一，但学者们普遍认同的是，协调资源利用、环境保护和经济发展之间的关系是绿色发展理念的重要内容。

2.1.1.2 绿色发展的定量化测度研究

从对绿色发展的定量化测度内容上看，主要有绿色发展指数、绿色发展效率、绿色发展绩效、绿色发展进程和其他表征指标，如用生态效率表征绿色发展，用脱钩值表征绿色转型升级等形式。

（1）绿色发展指数。主要是运用综合指数法，从各个方面挑选出能反映绿色发展的指标，进行综合评价。这方面的定量化研究主要集中在工业绿色发展指数（Li and Lin，2015；李琳等，2016；Yuan and Xiang，2019；Yuan et al.，2020）、绿色城市指数（朱斌等，2016；Wang et al.，2018；Richter and Behnisch，2019）、人类绿色发展指数（李晓西等，2014；Li et al.，2019；Paillé et al.，2020）和地区绿色发展水平（黄素珍等，2019；周莉，2019；Chen et al.，2019；Wu et al.，2020）。工业绿色发展水平的测度，既考虑了工业的绿色增长度，同时也把工业给环境生态带来的压力，以及政府对绿色发展的支撑政策包含在内（李琳等，2016）。城市是居民生活的主要环境之一，对城市绿色发展的测度就不仅需要考虑资源节约和环境友好，更要有能体现生活宜居方面的指标，并将低碳发展纳入其中（石敏俊等，2013；Yang et al.，2018）。从整个人类发展角度看绿色发展，社会经济发展和生态环境同等重要，二者都要求实现可持续发展（李晓西等，2014）。地区绿色发展指标同样需要考虑生活宜居，此外还考虑了绿色生活方式，如绿色生产消费、绿色高端发展等（张欢等，2016；Yang et al.，2019）。对农业绿色发展指数的测算，有学者构建了农业效能、生态节约、城乡融合3个方面的指标体系（郝汉舟等，2017；Liu et al.，2020）。

（2）绿色发展效率。主要是从投入产出角度进行的效率测算（Zhu et al.，2019；Guo et al.，2020；Zhu et al.，2020）。王兵等（2014）运用环境范围调整测度（RAM）模型，选取了能反映绿色发展效率的指标对中国的部分城市绿色发展效率进行了测度，并且将导致绿色发展无效率的来源进行了深入分析。还有学者认为，区域绿色效率的测算包含能源消耗的同时应考虑非期望产出（何爱平等，2019；赵晓霞等，2019；Yuan et al.，2019）。

（3）绿色发展绩效。张玥等（2015）从经济和资源环境两个方面分析了国家级经济开发区绿色发展的绩效，认为国家级经济开发区不仅带来了经济效益，同时还带来了环境绩效，主要体现在优化利用能源资源和节能减排方面。对城市绿色发展绩效的定量化测算，选取的指标不仅体现了资源节约和环境友好，还选取了能体现经济发展质量以及居民绿色生活的指标（Feng et al.，2017；Li et al.，2019）。

（4）绿色发展进程。指绿色发展的实现程度。这一测算方法的核心是为选定的指标都设定一个最优值，计算现状值针对最优值的实现程度。运用这一方法，吴丹等（2017）测算出北大荒农业现代化绿色发展进程，指出其在2015年已实现59.45%。

（5）其他表征指标。如用生态效率表征绿色发展，用脱钩值表征绿色转型升级等。生态效率体现了地区经济发展对生态环境的影响程度，或者生态环境为社会经济发展的支撑能力。这一概念在某种程度上也反映了社会经济发展与生态环境之间的协调关系，有学者将其作为代理变量来测算区域绿色发展程度（黄建欢等，2014）。除此之外，脱钩理论也被用在绿色发展测量体系中，测算的重点是发展过程中的资源消耗和污染排放与经济产值之间的脱钩强度（卢强等，2013）。

从研究方法上看，对绿色发展的定量研究，主要使用了综合指数法、DEA效率测算、TOPSIS模型、索洛模型、环境范围调整测度（RAM）模型、超效率SBM模型等方法。

2.1.1.3 绿色发展的影响因素研究

对绿色发展影响因素的研究，从因素数量上看，主要有两种，一是单因素研究，即某一因素对绿色发展的影响；二是多因素研究，即多个因素对绿色发展的差异化作用。多因素影响作用的结果在不同区域存在异同。对多因素进行分类，主要涉及自然条件、经济发展、人文社会因素和环境规制等方面。

（1）自然条件。自然条件包括资源与环境两部分重要内容。有研究指出，资源约束和环境效益约束还会给农业发展带来挑战（高明秀等，2018；Li et al., 2020a；Molina-Maturano et al., 2020；Li et al., 2020b）。此外，李健等（2019）的研究表明，资源与环境是导致珠三角、长三角及京津冀三大城市群的绿色全要素生产率无效率的主要因素。同样地，黄素珍等（2019）对黄山市绿色发展水平的研究中指出，土地覆盖与土地利用、资源利用效率是区域绿色发展水平差异的主要指标。可见，资源和环境在参与社会经济发展的过程中，对区域绿色发展水平产生影响。

（2）经济发展因素。经济发展是绿色发展的物质基础，经济发展水平的提升有可能会产生集聚效用，规模集聚对资源利用效率、环境治理等绿色行为具有促进作用。黄磊等（2019）对长江经济带城市工业绿色发展效率的研究证明了这一点，但还提出，规模集聚的直接作用是有限的，本地区的产业集聚会对周边区域的绿色发展水平产生积极影响。与之相反，杨宜勇等（2017）的研究结果显示，产业结构是制约湖北绿色发展的指标之一。也有学者将空间依赖性引入研究，如郭付友等（2020）对山东省绿色发展驱动机制的研究结果表明，各因素对绿色发展的影响具有空间差异性，其中人均GDP在省会都市圈和东部沿海与绿色发展呈现正相关关系，而在鲁西南、西北呈现负相关。袁华锡等（2019）的研究表明，金融集聚对绿色发展的影响是有空间依赖效应的，同时也呈现出非对称效应。

（3）人文社会因素。人文社会因素主要包括技术创新、人力资本等要素。周亮等（2019）的研究指出，从人地关系角度看，人文社会因素对绿色发展的作用要大于自然要素。涂正革等（2019）指出，农业的绿色发展需要人力资本的正向推动作用。郝淑双等（2019）的研究表明，技术创新对中国东部地区绿色发展具有显著促进作用和空间溢出效应促进作用明显。有学者对大数据在绿色发展中的作用进行了研究，认为其是资源整合和环境监测的重要手段，可以为绿色生产、绿色生活提供保障（许宪春等，2019）。

（4）环境规制因素。环境规制对绿色发展的作用主要有3种观点：第一种是促进作用，认为环境规制对保护生态环境具有促进作用，进而推动绿色发展效率的提高（何爱平等，2019；郝淑双等，2019）。第二种是环境规制对绿色发展具有抑制作用。李胜兰等（2015）对生态效率的研究结果显示，环境规制的加强提高了政府和企业的生态保护成本，抑制了经济发展，制约生态产出效率。第三种观点认为环境规制对绿色发展的影响具有变化特征，可能存在"U"形关系（钱争鸣等，2015；高志刚等，2013）。

从研究方法上看，对绿色发展影响因素的研究主要是采用Tobit模型、普通线性回归模型、系统GMM模型等，仅少部分研究将空间作用引入到因素识别中，使用了地理加权回归等空间计量模型，来识别影响因素对绿色发展的作用差异，可见，地理空间的相互作用在绿色发展研究领域中还未引起足够的重视。

2.1.1.4 水利与绿色发展相关研究

水资源管理的研究也正逐步将绿色发展理念融入其中，逐渐将人类对水资源的需求和水在生态平衡中的作用联系起来。在过去的几十年里，人们对水资源管理进行了一系列研究（Suzuki，1998；Said，2006；Wang et al.，2008）。国外对水利发展评价研究往往侧重于研究社会经济发展的一个或多个方面（例如城市发展、人口增长、农业生产力）及其与水资源利用、水环境保护之间的关系（Zhang et al.，2011；Zhao et al.，2017；Li，2018）。也有学者运用人—水和谐指数（HWHI）和集对分析等方法，根据几个涉及人类发展和水资源开发的指标对重要城市和流域的人—水协调程度进行了评价，为构建和谐的人—水关系提供了依据（Ding et al.，2014；Zuo et al.，2015）。同时，许多学者强调了在水资源管理中综合考虑水量和质量的重要性（Luiten and Groot，1992；Vijayan et al.，1999；Azevedo et al.，2000；Croke et al.，2007）。例如，Campbell等（2001）通过使用水量（MODSIM）和质量（HEC-5Q）的计算机模型，评估了加州Klamath河的替代水管理场景。Bhakdisongkhram等（2007）在泰国Mae Moh矿区开发了一个水和环境管理的水模型，通过控制水的数量和质量来减少环境影响。可见，国外学者们普遍认为水资源管理应该平衡生态系统和人类需求，但没有将水利与绿色发展理念联系起来，对这一领域的研究尚属空白。

生态环境保护等体现绿色、生态理念的指标逐渐被纳入水利发展水平评价。如吴丹（2016）构建了流域水利发展水平动态评价模型以分析流域内各地区之间的水利发展水平，测算体系包括了水利用、水环境、水生态以及灾害防治等维度。除了这些方面，水资源合理配置、河湖健康以及管理制度，也被视为水利发展评价中的重要内容（张海涛，2013）。对水利的评价研究一方面是针对地区水利现代化水平（欧建锋等，2012）或规划中期的项目水平（代思龙等，2018）评价，另一方面是针对省域（赵群，2018）或区域内（穆建新等，2016）农村水利现代化水平的评价。

生态环境因素也逐渐被纳入水利与社会、经济协调性发展的研究范畴。水利绿色发展最终目标是追求水利与社会、经济、生态和谐发展，它们之间的关系也一直是学者们关注的热点话题。众多学者在水利与社会经济之间的协调关系或支撑关系做了深入研究。毛慧慧等（2011）采用层次分析法、熵权法和综合法，认为辽河流域水利与经济社会勉强协调发展，但水利发展水平滞后于经济社会发展水平。易小兵等（2013）从人力资源、水土资源出发，结合农业、水利工程建设和经济发展等方面进行研究，结果显示，广东省水利综合水平协调度为0.358 1，省内区域间存在较大差异。从水利对社会经济的支撑角度进行研究，我国水利的支撑能力处在"一般"与"较高"等级临界点。徐瑜（2013）对浙江台州的水利与经济、社会、环境协调度进行了动态评价，认为其处于基本协调向协调发展过程中。邢华等（2012）认为水利的稳定生态和安全保障作用不同忽视，需将其作为流域与区域水利发展的重要方面。可见，水利不仅要与经济发展相协调，同样与自然生态也需要协调。华坚等（2018）将"经济—社会—水域生态"作为一个复合系统，定量评价了其与水利工程系统的协调程度。

从以上研究可以看出，水利与经济社会发展相协调的思想已经得到了普遍认可。水利绿色发展的相关研究，不仅关注水利与"经济—社会—生态"的协调关系，还将效益放在突出位置，即经济效益、社会效益和生态效益。针对这一理念也有学者进行了探索，吴丹（2015）将水利绿色发展与现代化结合，指出水生态应与经济、社会均衡发展，即经济财富、社会效益和生态福利均得到增长。但现阶段对水利与绿色发展的研究尚未形成体系，水利发展的要素输入、水资源消耗以及水利的人文效益重视不足。从循环经济的角度分析水利绿色发展问题也是未来研究的重要方向。

2.1.2 研究进展述评

通过对国内外绿色发展概念、定量化测度及其影响因素方面的文献进行综述，结合水利与绿色发展的相关研究进展，总结出以下不足。

对水利绿色发展理论的研究较少。绿色发展是近几年的研究热点，学者普遍认同协调资源利用、环境保护和经济发展之间的关系是绿色发展理念的重要内容。在农业、工业、经济、金融、制造业等领域开展绿色发展研究较多，但从资源角度开展的研究相对较少，尤其是水资源的绿色发展问题。尽管水利发展的相关研究已经不断融入绿色理念，但直接提出水利绿色发展概念，并对其理论进行深入研究的较为稀缺。水利绿色发展概念的提出，将为缓解水资源供需矛盾，实现人与自然和谐的目标提供新思路。

绿色发展的人文化效益尚未引起足够重视。从绿色发展定量化测度的相关文献研究来看，无论绿色发展以何种形式进行度量，资源节约、环境友好是必不可少的评价内容，少量研究已将生活宜居或绿色生活等与人类生活质量紧密相关的指标纳入评价指标体系。事实上，现阶段人民对美好生活的需求，不仅是物质生活的满足，还有生态环境优质、精神文化丰富的追求，但很少有研究将精神文化方面的指标纳入绿色发展评价中去。所以，对绿色发展的度量不仅要注重资源节约、生态友好，同样也要考虑绿色发展的人文效益。把这一理念引入到水利绿色发展研究中去，能合理评估水资源利用全过程中对经济和生态的影响。

空间计量在绿色发展影响因素中应用较少。从水利绿色发展影响因素的相关研究看，绿色发展受多因素综合影响，主要有自然条件、经济发展因素、人文社会因素和环境规制因素等。但不可忽视的是随着社会的发展，区域间信息交流频繁、交通便利，区域之间的影响作用不容忽视，影响因素的作用是否会有空间效应值得关注。在研究方法上鲜有将空间依赖纳入计量模型，所以将空间依赖引入绿色发展影响因素研究十分必要，这将为区域提升人民群众美好生活的水利需求提供精准方向。

从水利与绿色发展的相关研究看，水利绿色发展在理论体系建设、定量评价、机制建设等方面有待深入研究。

（1）构建水利绿色发展理论体系。研究的方向应聚焦在以下几个方面：构建水利绿色发展理论体系；对概念的解析、内涵的厘定；分析绿色发展在水利中的具体体现,如界定水资源开发利用、水生态效益、水文化建设、水资源管理等方面的绿色内涵;建设水利绿色发展动态监测体系;构建水利绿色发展制度等。

(2)构建水利绿色发展评价方法。在考虑水资源开发、利用和效益产出的基础上,构建水利绿色发展综合评价指标体系和评价标准。研究应从水利绿色发展的整体出发,构建一套更为完善的、操作性强的水利发展系统和社会发展系统、经济发展系统、生态系统等多个子系统组成的评价指标体系。

(3)建立水利绿色发展机制。从时间和空间尺度的地区水利绿色发展差异出发,将区域水资源禀赋、人文社会因素、经济因素和环境规制等因素对水利绿色发展的影响及其空间效应进行深入研究,理顺各影响要素之间的作用关系和作用方式,深入分析水利绿色发展机制,从而达到水利绿色发展的目标。

综上,有必要深入研究水利绿色发展理论,探索定量化评价方法,从时间和空间尺度研究区域水利绿色发展格局演变特征,并将空间依赖纳入水利绿色发展影响因素模型,进一步剖析水利绿色发展机制和路径选择。

2.2 理论基础

人类对水利需求类别的提升以及对美好生活的追求,推动了水利发展从以防洪建设为主向以水资源保护和生态修复为主的转变,这个转变过程也恰恰体现了马克思主义自然观、可持续发展理论、循环经济理论和生态经济协调发展理论的思想。

2.2.1 马克思主义自然观

朴素唯物主义自然观是马克思主义自然观的思想起源。它具有以下特征:一是认为自然界是具有无限多样性的统一体,它体现在具体的物质形态中;二是自然界处于永恒的运动、变化和发展中;三是人和其他动物都来源于自然界。朴素唯物主义自然观具有直观性、猜测性和思辨性特征。机械唯物主义自然观为马克思主义自然观的形成奠定了唯物主义思想基础,其基本观点是唯物论,认为自然界是一个客观存在的物质世界;认为整个世界是机器的自然图景；机械论以力学原理作为认识自然的准则；认为时间和空间是与物质及其运动无关的绝对孤立和静止的存在；人与自然是分立的。机械唯物主义自然观具有机械性、形而上学性和不彻底性。

马克思和恩格斯把唯物主义与辩证法有机地统一起来，从而确立了辩证唯物主义自然观。其基本观点是：认为自然界是客观的物质存在；认为各种物质都是运动、变化的；认为人可以发挥主观能动性，改造自然，改造世界，但是对自然的改造应该按照自然规律进行，强调在实践基础上人的劳动性和能动性的辩证统一；实践观点，在自然界的演化过程中产生了人类实践活动；辩证联系观点（联系和发展观点），自然界的一切事物都不是孤立存在的，都处于普遍联系和相互作用中；存在（物质）与意识观点，物质决定精神，精神对物质有反作用。辩证唯物主义自然观是唯物论与辩证法的统一、自然史与人类史的统一、天然自然与人工自然的统一、人的受动性和能动性的统一。

辩证唯物主义自然观的创立，对人类自然观的发展、科学技术的发展、社会文明持续发展和人文关怀建设都具有重要的作用。其重要作用之一是为自然科学、社会科学和人文科学的融合奠定了理论基础，强调自然与社会的相互联系，认为自然科学与人类社会、与人的科学是不能分离的，指出只有把自然科学的发展建立在人类社会发展的基础上，才能使自然科学真正成为人的科学，突破了人类社会和自然界的界限，突破了自然科学与社会科学和人文科学的割离。

2.2.2 可持续发展理论

在经济快速增长和人口不断增加的双重压力下，自然资源无限制地被大量开采、加工和利用，生态环境原有的平衡也被打破。未经处理或处理未达标的污染物的大量排放远远超出了自然环境本身的承载能力，导致环境被严重污染，自然灾害也频繁发生。面对资源枯竭和环境污染的束缚下，人们开始反思传统发展模式。可持续发展的思想也逐渐形成。1987年以挪威前首相布伦特兰夫人为首的联合国世界环境与发展委员会（WCED）提交了报告《我们共同的未来》（Our Common Future），报告对可持续发展进行了明确定义："既要满足当代人需求，同时也必须不危及后代满足其需求能力的发展。"这一定义体现了可持续发展的公平性、持续性、共同性和时序性原则（李秋萍，2015），人类必须在资源和环境的承载能力之内进行经济活动和社会发展。

可持续发展的基本内涵，就是科学地处理好经济社会的发展与生态环境、人类发展和社会可持续发展之间的关系。可以从以下不同角度定义可持续发展（汪安佑等，2005）。

（1）从自然属性定义可持续发展。从自然属性定义可持续发展，称为生态可持续，强调资源及其开发利用程度之间的生态平衡。

（2）从社会属性定义可持续发展。例如，1991年由世界自然保护同盟、联合国环境规划署和世界野生生物基金会在《保护地球：可持续生存战略》中，将可持续发展定义为："在生存于不超出维持生态系统承载能力之情况下，改善人类的生活品质"，将改善人类生活质量和美好生活作为可持续发展的最终目标。

（3）从经济属性定义可持续发展。要求不仅注重经济增长的数量，更要注重经济增长的质量，实现经济发展与生态环境要素的协调统一，而不是以牺牲生态环境为代价。

（4）从科技属性定义可持续发展。有学者认为可持续发展就是转向更清洁、更有效的技术，尽可能接近"零排放"或"密闭式"工艺方法，尽可能减少能源和其他自然资源的消耗。还有的学者提出可持续发展就是建立极少产生废料和污染物的工艺或技术系统。

（5）从代际的角度定义可持续发展。既要使人类的各种需要得到满足，个人得到充分发展，又要保护资源和生态环境，不对后代人的生存和发展构成威胁，它特别关注的是各种活动的生态合理性，强调对资源、环境有利的经济活动应给予鼓励，反之则应予抛弃。从代际的角度定义可持续发展是国际社会普遍接受的观点。

可见，可持续发展理论与内涵实质，是要求人类社会在经济发展过程中，抛弃单纯追求经济增长而忽视资源现状和环境生态的粗放发展方式，转而统筹考虑社会经济发展、资源、生态之间的系统协调。

2.2.3 循环经济理论

循环经济概念可以追溯到20世纪60年代，美国经济学家鲍尔丁提出"宇宙飞船理论",认为地球上的生物都遵循着一个有秩序的循环,人类的经济活动应该转向"循环式经济"规律。1990年,在《自然资源和环境经济学》中,英国经济学家皮尔斯和图奈首次提出"环境经济学"概念。从人类对自然的输入和输出角度,提出可再生资源的开采速率不能大于其再生速率,排放到环境的污染物不能超过环境的自净能力,把清洁生产和废弃物的综合利用融为一体,环境经济学是在长期探索中找到的一种符合可持续发展目标的有效经济模式。

循环经济的研究对象是资源,以"减量化、再利用、资源化"为原则,其目标是资源的高效率利用和资源的循环利用,以减少环境污染。循环经济具有两个显著特征,一是物质处在闭路循环中;二是能量的梯次使用。循环经济的实质是一种经济模式,但其运行遵照自然生态系统的物质循环和能量流动的方式。循环经济较多关注自然资本,同时把环境承载力等反映生态阈值的相关问题考虑在内,逐渐探索"生命中心伦理"和"生态中心伦理"的人类生态伦理观。循环经济建立了多层次的物质循环,采用科学的循环技术,进行清洁生产。循环经济系统一旦形成,就具有相对稳定的特征,以达到生态、经济和社会三方面的利益统一。循环经济的推广应用,需要公众的积极参与,否则可能进展缓慢。循环经济遵循以下3个原则。一是减量化,是考虑在输入端削源减排,即从源头上减少资源消耗。二是再利用,指在产品消费过程中延长服务周期。三是资源化,是在输出端,将废弃的资源重新投入循环,以提高利用效率。

2.2.4 生态经济协调发展理论

生态经济协调发展理论是从协调发展的角度,用辩证思维重新定义了生态与经济发展之间的关系。这一理论指明了在保证生态环境的前提下,人类社会发展的方向问题(梁山等,2007)。人口、资源、环境是经济发展中不可或缺的支撑元素,它们之间的协调是基本协调。它的实质是一个生态经济问题,它也是我国新时期基本国策建立的基础,将指引我国对自然资源进行充分合理利用,取得经济社会全面协调的发展。经济与生态的协调本质上就是人与自然的协调,合理利用资源是基础。因此,资源如何利用就成为在生态约束框架下如何发展经济的基本问题。要认识和发挥资源的基础作用,一方面人们进行生产的经济活动是人们利用自然生态资源为人们创造财富的过程，另一方面也是对生态环境造成破坏的过程。因此，生态经济协调理论提出了需要在利用资源发展经济的同时，正确处理"三废"污染排放，也要注重对自然资源及生态环境的保护。

要建立资源利用的有效方针。生态经济协调理论要求利用资源和保护资源实现相互融合，处理好其内在关系，"在利用中保护，在保护中利用"。自然资源为生态系统的平衡稳定起重要作用，但这一作用的发挥需要资源在合理化要求下被开发利用，这样才能既促进经济发展，又保证生态环境处在良好状态，从而实现生态经济协调发展理论的目标。

3 水利绿色发展理论分析框架

"绿水青山就是金山银山"理念体现了马克思主义辩证思想，以生态文明和绿色发展为理念的水利发展已成为新时代任务。本章将对水利绿色发展理论进行系统论述，先解读水利绿色发展的概念，总结其基本特征，提出了水利绿色发展的"五化"核心内涵，再分别从水利与社会经济生态协同机理和水利的循环经济理论两方面协同角度，阐述水利绿色发展机理，是全书的理论基础，旨在促进新时代水利发展中的资源节约和环境保护。

3.1 水利绿色发展定义及相关概念辨析

3.1.1 水利的概念

水利的概念内涵随着社会的发展不断扩展。最初其内容主要有防洪、灌溉和航运3个方面，体现了水对人类社会的有利作用。随着技术的提升和社会需求的增加，水利的概念新纳入了水力发电、给排水、水土保持、水污染防治等内容，随后又增加了水景观营造、水生态环境建设等生态功能。可见，现阶段的水利是为了满足人类生存和社会发展的需要，采取各种措施，对自然界的水和水域进行控制和调配，以满足人类生产、生活需要，同时注重生态保护的一系列活动的总称。水利发展主要包括水资源开发利用、水环境保护、水生态修复、水文化和防灾减灾等内容。水资源开发利用包括水资源开采、水资源优化配置、水资源价格机制形成等方面；水环境保护包括水资源承载力、污水排放管理、水污染治理等方面；水生态修复主要包括江河湖泊生态治理、湿地保护等；水文化是人类在与水打交道过程中，对水的认识、思考、行动、治理、享受、感悟、抒情等行为，创造的以水为载体的所有物质财富和精神财富的总称（左其亭，2014）。防灾减灾主要指洪涝、水旱灾害防范与治理等。尽管现有水利相关概念表述不统一，但都不同程度上体现了水利与绿色发展理念的融合，强调了"水利—经济—社会—生态"综合协调发展，以期实现水利绿色生态平衡，进而带来社会、经济和生态财富的增加。

3.1.2 水利绿色发展的概念

绿色发展的核心是合理消费资源、减少污染物排放、增加生态资本，实现人与自然和谐。水利面临新老问题交织，明显不能满足新时代人民群众美好生活的水利需求，亟须走出一条绿色发展道路。水利绿色发展提供了一种通用的研究水利与绿色发展的融合概念和核心要点（姜文来，2016），其内涵建立在绿色发展理念原则上，指与资源环境相适应、人与自然和谐的社会经济发展（姜文来，2016）。依托水循环理论、循环经济理论、可持续发展理论等基础，将水利绿色发展界定为"基于绿色发展理念，在水资源开发利用、水环境保护、水生态修复和水文化建设的同时，寻求水利和"经济—社会—生态"之间均衡的动态发展过程，最终实现水资源经济效益、社会效益和生态效益同步提升的人水和谐发展"。水利绿色发展是一个系统工程，但也不是孤立存在的。水利绿色发展的定义既有水资源的自然属性，也体现了其社会属性、生态属性和经济属性。

水利绿色发展的研究对象是人水系统，主体是水资源，客体是水资源载体以及与之相关的经济、社会和生态对象。对水利绿色发展定义的理解可以从以下几方面展开：一是建立在绿色发展理念上；二是在水资源开发利用、水环境保护、水生态修复和水文化建设等的同时，寻求水利系统和"经济—社会—生态"系统之间均衡的动态发展；三是水利绿色发展是人与人和谐、人与自然和谐的水利发展模式。

水利绿色发展体现了人类社会对水资源开发利用的需求与水资源保护、水景观营造、水文化建设等供给之间的平衡关系，通过对水利的投入，以及水资源的产出体现出来。在很长一段时间内，对水资源的粗放利用方式导致了水利的生态作用不能有效发挥（刘海龙等，2014；张秀琴，2013）。从循环经济理论出发，把水利发展分为输入端、水资源消费和输出端。其中输入端指对水资源的投入，分为经济投入、社会投入和生态投入，经济投入主要指在水利建设中的资金支持、产业发展对水资源的索取，即负向投入；社会投入主要包括对水利信息化的建设、水资源管理的人员投入；生态投入主要是人为改善水环境、修复水生态行为。输出端指水利的功能性产出，分为社会效益、经济效益和生态效益，其中社会效益指为保障居民物质生活和文化生活所带来的直接效益；经济效益是水资源参与经济生产所产生的效益；生态效益是水利建设对生态环境的改善作用。水资源消费主要指水资源的利用。

3.1.3 相关概念辨析

3.1.3.1 水利可持续发展

水利可持续发展概念建立在可持续发展的基础上。总的来说，水利可持续发展与绿色发展既有区别又有联系。

（1）从内涵看，水利可持续发展与水利绿色发展是包含与被包含的关系，可持续发展是目标，绿色发展是路径方式。

（2）从时间尺度看，水利可持续发展更关注代际之间的延续性，而水利绿色发展更多地将关注点放在对当前发展方式和模式的探讨上。

（3）从地域看，水利绿色发展是可持续发展在水利领域的"中国化"，是对国际上可持续发展理念的传承、深化与实践，更加突出生态环境作为经济内生增长因素的重要地位。

3.1.3.2 生态水利

生态水利的概念主要用于描述水供需（刘昌明，1999）、资源利用（傅春和冯尚友，2000）、水利工程（姜翠玲和王俊，2015）等与生态的结合关系，是指以流域生态环境建设为基础，运用工程、生物和管理等综合措施，合理利用和保护水资源、防治水灾害，以可持续发展为目标，最大限度地满足人民生活和生产的需求（张荣峰等，2001）。生态水利侧重于在水资源利用中尊重和维护生态环境，为社会（傅春和冯尚友，2000）和经济（张荣峰和罗运龙，2001）可持续发展服务。与水利绿色发展概念相同之处是，都在水资源利用过程中保护生态环境。但二者也存在不同，生态水利是以流域生态建设为基础，而水利绿色发展强调的是以人水和谐建设为基础，后者的范围相对较广。

3.1.3.3 绿色水利

绿色水利的概念由姜文来（2005）首次提出，是指在水资源的开发、利用和废弃的过程中保护生态环境与水资源并且节水高效的行为和文化。绿色水利是水利发展的新理念，以绿色发展理念为基础，强调人与自然生命共同体的理念。绿色水利建设有助于改善流域生态环境（康亚静等，2015）、推进节水型社会（姜文来，2005；裘江海，2006）和利水型社会（姜文来，2012）建设。从概念上看，绿色水利注重水资源消耗环节，高效率、低排放和循环利用，以减轻对水资源的消耗。在这一方面，与绿色发展的概念不谋而合。但绿色发展的涵盖面更广，不仅包括水资源消耗环节，对输入端和输出端也提出了生态保护、社会效益等要求。

3.2 水利绿色发展特征

水利具有水能量流动、物质循环、信息传递等功能，水利在绿色发展过程中，为人类提供生活用水、工农业原料，并提供人类生存的生态环境，形成水利多功能性绿色服务，是一种具有时空概念的发展途径或方式。

3.2.1 有资源节约、生态约束特征

资源是生存和发展的核心，良好生态是动力源，同时也是约束棒。绿色发展的重点还是发展，但在发展过程中不能以消耗资源、破坏环境为代价，而是应遵循绿色发展的内涵，在发展过程中注重资源的节约、集约化利用，让社会经济发展与水生态环境相适应，以此实现人水和谐的社会经济发展，达到水利发展与水生态效益双赢的格局。

3.2.2 有动态、生命的特征

水利绿色发展的动态特征主要体现在两方面，一是水资源的流动性，具有循环的特点。二是水利与社会发展之间的关系处在动态变化之中。水利涉及社会发展的方方面面，农业、工业、交通、能源、城乡建设、生态环境以及人民生活在动态发展过程中对水利的需求也从基础的安全性需求，逐渐发

展为经济型需求，最终追求舒适性需求。水利绿色发展的最终结果是满足人类对水利的舒适性需求，由于进入全面富裕的收入水平，社会公众对舒适性的需求持续增长，主体是对良好水生态环境的需求（王亚华，2013）。从水利与社会经济的动态关系可以看出，水利绿色发展与人类生活息息相关，具有生命特征。

3.2.3 有健康、可持续发展特征

健康一词原指（人体）发育良好，机理正常，有健全的心理和社会适应能力。水利健康，一方面指水利绿色发展带来的农村饮水安全、河湖生态健康、水资源节约保护等绿色生产、生活方式；另一方面指水利带来的人文效益，如水利精神、节约文化、水文化遗产等非物质财富。可持续是绿色发展的目标，水利绿色发展在全过程中均体现了可持续发展特征，并以此为准绳。

3.3 水利绿色发展的内涵

水利绿色发展是一个系统工程，指基于绿色发展理念，在水资源开发利用、水环境保护、水生态修复和水文化建设的同时，寻求水利和"经济—社会—生态"之间均衡的动态发展过程，最终实现水资源经济效益、社会效益和生态效益同步提升的人水和谐发展。

3.3.1 合理化开发

水资源长期过度开采导致地表径流明显衰减（Ren et al.，2002），已经破坏了水资源的生态稳定（郭庆海，2015），由此引发的植被多样性减少、生态系统脆弱等一系列问题（赵军等，2014）。不仅如此，在城市建设中，对水资源的过度开采更是加剧了城市水安全危机，如城市雨洪、河流水体污染等（李方正等，2016），这显然不符合水利绿色发展的基本思想。水利绿色发展就是要摒弃不合理的、粗放的水资源开发方式，采取规划合理，可持续的绿色开发策略。水资源合理化开发包括总量限制和供水水源结构优化。

（1）根据供需双向决策水资源开发总量，以使在源头控制水资源量。其目的就是要保护水资源的绿色可持续开发利用，需遵循开发与保护并重、

地下水与地表水合理配置和水质与水量并重的原则。根据"三生空间"（生产、生活、生态）合理规划水资源需求。

（2）合理配置水源结构。如在地下水超采区，减少地下水用水量，高效利用地表水，适当增加其他水源供水量。在水资源总量控制和水资源结构合理配置的情况下，能有效避免水资源的过度开发，减少地下水开采程度，约束低效率用水行为，进而对水环境、水生态起到一定的保护作用，符合水利绿色发展所包含的生态环境保护思想、资源节约思想，是生态约束特征的重要体现。

3.3.2 高效化利用

经济总量宏观上决定了需水总量，经济结构和用水效率反映了单位产值的用水需求（王浩等，2016）。水资源效率在产业间差距明显，工业用水效率远高于农业（潘安娥等，2014）。中国传统灌溉普遍采用大水漫灌的形式，用水效率极低，水资源浪费问题严峻（牛文全，2006）。2017年中国耕地灌溉面积占总灌溉面积的91.71%，这就对农业节水提出了更高的要求。全球水资源的有限性使得唯一的选择就是提高农业用水效率，减少水资源的浪费，提升粮食产量（李友生，2004），进而提高经济效益。减少利用过程的损失和提高水资源的重复利用率是提升水资源利用效率的主要方式。2018年中国农田灌溉水有效利用系数为0.554，如果这一系数提高到0.7，按2018年的农业用水量3693.1亿m^3计算，将节约用水539.19亿m^3。水资源的高效化利用不仅可以节约资源，减轻水生态破坏，同时培育了社会的节约文化和高效利用文化，体现了水利绿色发展的资源节约思想和生态保护思想，是健康、可持续发展特征的重要表现。

3.3.3 生态化输出

绿色发展理念一直承载着生态文明建设的题中之义（肖楠，2019），是生态文明建设的现实路径，生态文明是绿色发展的理想目标（张云飞，2019）。可见，生态化输出是水利绿色发展的必然要求和目标，主要包括：①水资源质量，如河流水质、地下水水质和居民饮用水水质等；②由水利建设带来的生态福利，如城市绿地建设、森林植被覆盖等；③水利建设避免的生态损失，如水土流失治理等。生态化输出3个方面的内容主要是水利发展过程中对生态环境产生的有利作用，这体现了水利绿色发展的生态保护思想，是生态约束特征和健康、可持续发展特征的直观效果。

3.3.4 人文化效益

绿色发展与人文的关系目前有三种观点：第一种是绿色发展本身体现了一种人文关怀。把人民群众既追求发展又渴望优美环境的良好愿望作为最终归宿（秦书生等，2017）。第二种是绿色文化是绿色发展的一种文化现象。认为绿色文化是绿色发展内在的精神资源，这种精神资源包括行为方式、价值观念等文化的综合，最终通过绿色行为实现人与自然和谐相处（王玲玲等，2012）。第三种是绿色文化是绿色发展的子系统。有学者认为，人类与环境、社会、经济、文化等因素形成了绿色发展释义下的复合系统（黄茂兴等，2017）。也有学者认为，绿色发展系统中绿色文化发展是与其他子系统具有独立、依存和相互作用的子系统（刘恩云等，2016）。可见，绿色发展与人文是密不可分的。

人文化效益是水利绿色发展的重要组成。水利要绿色发展，必须把对社会的人文关怀和文化效应考虑在内，离开人民追求美好生活意愿的水利发展，不能算作水利绿色发展。水利绿色发展的人文化效益包括环保意识、生态意识，以及依托水利而发展的旅游资源和文化资源。人文化效益是水利绿色发展的生态环境保护思想、资源节约思想和水文化建设思想外在表现，是水利绿色发展生态约束特征和健康、可持续发展特征的间接解译。

3.3.5 常规化监管

监管是指监督和管理。绿色发展涉及多个行政管理部门协同合作，并创新监管方式和规制行为，以优化绿色发展中公共管理机制（杨宜勇等，2017）。有研究指出，在生态环境统计监测上，绿色发展政策要求其管理要实现精细、精准和具有价值化的目标，为此，就要对能源资源的资源量和环境生态的污染、破坏、保护等都进行统计监测以及核算（王海芹等，2016）。

水利绿色发展的实现同样需要管理机制的创新，并形成常规化的管理体制。主要包括两个部分：一是对水资源数量、质量和利用量的监督管理，以及水灾害的监测预警等，提升监管水平推动水利绿色发展；二是对管理体制机制的常规化，即厘清政府、公众和企业之间的关系，推动水利绿色发展。常规化监管是对水利绿色发展生命周期思想作出的反馈，是水利绿色发展动态、生命特征的外在要求。

3.4 水利绿色发展双维度解析

从水利绿色发展的核心内容可以看出，水利绿色发展是社会发展、经济发展、生态保护之间耦合协调共生的关键，具有重要的纽带作用。从水利绿色发展基本特征可以看出，水利绿色发展是一个动态的过程，同时具有生命周期思想，那么在"经济—社会—生态"协调共生的过程中水利要素投入、水利作用响应、水利要素输出也均以绿色发展理念为依据，注重资源节约、环境友好和效益均衡的基本原则。所以从"经济—社会—生态"和"输入—响应—输出"双维度进行解析，应是水利绿色发展理论框架的重要组成部分。

3.4.1 "经济—社会—生态"维度

水资源的多种属性体现了水利活动的多功能性。水资源的自然属性是指由于水要素的物理化学特性而给水资源带来的基本属性，具体来说就是指水要素一定条件下在固态、液态和气态间转化的特性使得水资源能够以不同的形态在大气、地表、土壤和地下之间循环。因此水资源具有了可再生和在时间、空间上分布不均匀的特点，并且能够直接或间接地参与自然界的众多物质活动。水资源的生态属性主要是指水资源对生态系统发展和变化具有重要的调控作用。水资源的环境属性是指其在自净、纳污和景观等方面的作用。水资源的社会属性是指水资源作为公共自然资源，其根本所有权应归国家所有，但是在一定范围内，所有用水集体和个人都具有平等的基本使用权，也就是说，水资源在利用过程中应坚持平等和可持续的基本原则。水资源的经济属性是指作为生产资料，水资源具有明显的经济价值，并随着水资源开发利用程度的不断加深而越加凸显。也就是说，在可用水资源总量一定的情况下，经济主体会直接竞争水资源的使用权，进一步增强水资源的经济价值。水资源的多重属性决定了水资源的广泛功能，进而决定了水利在社会经济发展系统和生态系统中的巨大价值。水利绿色发展将研究社会价值、经济价值和生态价值的实现，并形成社会系统、经济系统和生态系统的稳定协调。

3.4.2 "输入—响应—输出"维度

水资源利用是循环系统中的重要部分，在循环经济理论"3R"原则的基础上，把水利绿色发展过程中的水利用也分为输入端、水资源消费过程和输出端3个环节，把水资源消费过程称为响应环节。"输入—响应—输出"是水利系统与外部环境循环交换的一种形式，可以从全局过程的角度去认识水利发展与社会、经济、环境的关系。在水利系统与外部环境相互作用过程中，水资源的开发、利用形式、对水利的资金投入、人力资本投入等成为系统输入部分。根据对水利绿色发展影响的性质，可以分为正向输入和负向输入。前者增强水利绿色发展程度，后者制约水利绿色发展。输入要素作用于水利绿色发展系统中，表现为对水利绿色发展过程的响应，如用水效率是否提高、防洪抗旱能力是否提升、水质变化情况等，这类要素反映水资源利用过程或措施是否符合水利绿色发展的资源节约和环境友好特性。输出类要素主要是水利发展对社会经济和生态产生的外部性，如经济外部性指标生产用水综合经济效率，社会外部性指标水文化发展水平，生态外部性指标绿化覆盖率等，这类要素反映水利绿色发展效益均衡特性。

3.4.3 水利绿色发展双维度关联框架

水利绿色发展内涵建立在绿色发展理念原则上。首先，水利绿色发展的前提和保障是水利消费的生态化，水资源利用由粗放向集约、由强投入向高产出转变，创新水资源消费形态，降低经济增长对水资源的胁迫程度；其次，协调发展是绿色发展的本质特征和内在要求（程钰等，2019），水利绿色发展既要体现经济系统、社会系统和生态系统的协调统一，又要体现资源要素投入、资源响应效率和资源输出效益的协调统一，而这种稳定持续和协调依赖于各子系统之间的高度协调（王亚平等，2017）；最后，实现区域水利绿色发展，应耦合区域经济、信息化以及社会管理，通过多要素协同措施，以促进传统水利向绿色水利转变，实现人与自然、绿色生态和谐共存。

基于此,绘制了基于"经济—社会—生态"和"输入—响应—输出"双维度交互作用的水利绿色发展水平理论分析框架(图3-1)。

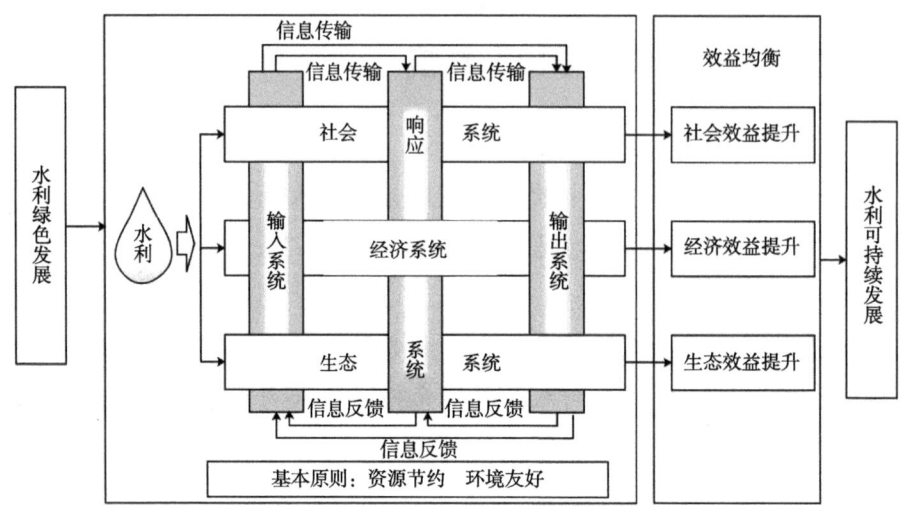

图3-1 水利绿色发展双维度关联框架

Figure 3-1 Two-dimensional relational framework of water conservancy green development

水利发展的绿色转型需要水利自身发展、与社会经济的交互作用都向着与生态环境和谐的方向转变。要实现水利的生态效益增加,就需要水资源开发、利用、再循环等生命周期过程中对环境造成的不利影响最小,同时在与经济、社会、生态系统中各关键要素相互影响、相互制约条件下,各系统之间达到耦合最优。水资源开发程度取决于经济结构、社会人口和生态需水量,同时水资源量也制约着经济发展和社会发展;水资源利用过程的关键是节水和水环境保护,节水水平和水环境保护程度也调节着水资源利用量。把水利绿色发展提取为双维度,一个是经济、社会、生态维度,分别表示经济、社会、生态发展中与水利相关的要素构成的系统;另一个是输入、响应、输出维度,分别表示上述的水资源开发、利用、效益输出过程中与经济、社会和生态的交叉要素构成的系统。双维度间要素有相互关联,有协同作用、制约作用,存在着耦合协调关系。水利绿色发展的作用机理表现为双维度作用交互,水资源承载力对社会经济发展具有约束作用,社会经济发展对水利发展有促进作用。

3.5 本章小结

本章为水利绿色发展作出了概念界定,认为其是指基于绿色发展理念,在水资源开发利用、水环境保护、水生态修复和水文化建设的同时,寻求水利和"经济—社会—生态"之间均衡的动态发展过程,最终实现水资源经济效益、社会效益和生态效益同步提升的人水和谐发展。水利绿色发展的研究对象是人水系统,主体是水资源,客体是水资源载体以及与之相关的经济、社会和生态活动。在此基础上,总结了水利绿色发展的"五化"内涵,即水资源合理化开发,包括总量限制和供水水源结构优化;高效化利用,包括提高水资源的经济产出效率,减少运输损失,提升水资源重复利用率;水利生态化输出,主要指增加生态福利和减少生态损失;人文化效益,主要包括公众绿色发展意识,以及依托水利而发展的旅游资源和文化资源;常规化监管,主要指水资源利用和保护的监管和管理体制的常规化。最后,从"经济—社会—生态"和"输入—响应—输出"双维度对水利绿色发展进行解析,构建了水利绿色发展双维度分析框架。

4 中国水利绿色发展指标构建与评价

从定性到定量是对事物从文字语言描述向数字语言描述的过程，有助于对事物的本质有更清晰的认识。本章将基于第3章构建的水利绿色发展理论框架的定性分析，将其定量化，从水利绿色发展的核心内涵出发，构建基于"经济—社会—生态"和"输入—响应—输出"双维度关联的水利绿色发展评价体系。从省域层面，测算中国2010—2017年水利绿色发展指数和水利发展分维度指数，并对其变化趋势进行详细分析。

4.1 基于双维度关联的水利绿色发展评价方法构建

确定水利绿色发展评价模型和标准是衡量水利绿色发展的核心问题。在第3章构建的绿色发展理论分析框架的基础上，提出中国水利绿色发展水平的评价方法和指标体系。

4.1.1 评价指标体系

4.1.1.1 指标选取方法选择

（1）目标层次展开法。把研究目的按照理论或逻辑分为若干个子目标，把子目标再次分解，依次分解直到分解为指标层，即目标可以被定量或定性分析。这一方法在工程评价中采用较多（王连芬等，1990）。

（2）因果法。主要根据评价指标之间的因果关系进行选择，较多用于环境、社会方面的评价。状态—压力—回应模型即是从这一方法入手选取指标的（李文华，2013）。

（3）复合法。主要是将两种或多种评价指标按一定的数学规则组合在一起，既能体现自身的优点又能克服缺点。较为常见的做法是将两个独立完备的单个指标组合在一起，组成复合指标，如大气污染综合指数（叶文虎等，1994；李盛阳等，2005）。综合考虑这3种方法，结合水利绿色发展的特征，本书采取目标层次展开法和复合指标选取法相结合的方式选取水利绿色发展评价的指标体系。

4.1.1.2 双维度关联评价指标体系

科学构建水利绿色发展指标体系是正确反映和客观评价水利是否符合绿色理念发展的基础和关键。水利绿色发展是一个复杂的过程，根据耗散结构理论，不断有水资源的输入、响应和输出；同时，社会经济的发展，与水资源关系密切，是发展所需的重要资源。考虑到水利绿色发展理论构架内各系统之间的相互关联性，现有指标选取方法并不能完全体现水利绿色发展水平，这里采取目标层次展开法和复合指标选取法相结合，将其用于改良后的因果法指标体系构建。参考有关水利发展水平的评判方法、指标和标准，结合我国水资源特点、经济社会发展要求和绿色发展理念演化等特点，根据综合性、系统性、代表性、可操作性、动态性和规范性原则，对现有与水利发展水平相关的众多指标进行分类、定向判断和可操作性分析，在定量测算与筛选的基础上选择了17项综合性指标，从水利对"经济—社会—生态"的影响和水利内部"输入—响应—输出"两个角度出发，构建了双维度关联的水利绿色发展指标体系（表4-1）。

表4-1 双维度关联评价指标矩阵

Table 4-1 Two-dimensional correlation evaluation index matrix

	输入系统（I）	响应系统（R）	输出系统（O）
经济（EN）	农业用水比例系数（x_1）	用水重复率（x_7）	水旱灾害损失率（x_{12}）
	水利建设投资比重（x_2）	灌溉水有效利用系数（x_8）	生产用水综合经济效率（x_{13}）
社会（S）	水利信息化水平（x_3）		农村地区饮水安全保证率（x_{14}）
	大专以上管理人员比重（x_4）	防洪能力指数（x_9）	水文化发展水平（x_{15}）
	人均用水量（x_5）		
生态（EL）	生态用水比例系数（x_6）	水功能区水质达标率（x_{10}）	建成区绿化覆盖率（x_{16}）
	水资源利用率（x_{17}）	水土流失治理率（x_{11}）	

（1）"经济—社会—生态"维度。我国社会主要矛盾已经转化为人民日益增长的美好生活需要和不平衡不充分的发展之间的矛盾，水利发展也要以满足人民日益增长的美好生活需要为目标，进行科学调整，以绿色发展为前提，合理安排经济发展、社会发展和生态环境保护。这一维度包含经济子系统、社会子系统和生态子系统。经济子系统，主要指水利发展过程中与经济有直接关系的水利活动，包括水利活动中的经济投入、对水资源的开发利用情况以及水资源产生的经济效益，主要选取能体现水利绿色发展的合理化开发、高效化利用内涵的指标。社会子系统，主要指水利活动中与人文社会交叉的绿色行为及其效益，包括水利活动的社会投入、对居民生活的水利保障和产生的社会效益，主要选取能体现水利绿色发展合理化开发、常规化监管和人文化效益的指标。生态子系统，主要指水利发展过程中对生态有直接影响的水利活动，包括水资源的开发使用情况、对水质和水生态的影响以及对人类美好生活的作用，主要选取能体现水利绿色发展合理化开发、生态化输出和人文化效益内涵的指标。

（2）"输入—输出—响应"维度。习近平总书记提出"节水优先、空间均衡、系统治理、两手发力"的治水思想，强调水利发展以系统治理为主线，同时考虑水资源的周期性，即水循环特征，综合协调水利发展的要素投入、水资源利用效率和水利产出效益高低等方面，实现水利绿色发展。这一维度也包括3个子系统，分别是输入系统、响应系统和输出系统。输入系统，主要指水利活动中的资源投入、经济投入和社会投入等，包括水利建设投资、管理人员投入和信息化投入等方面，主要选取能体现水利绿色发展合理化开发、高效化利用和常规化监管内涵方面的指标。响应系统，主要是指水资源在利用过程中的利用效率，对居民生活的保障能力和保障质量等，主要选取能体现水利绿色发展高效化利用、人文化效益和生态化输出内涵的指标。输出系统主要指水利活动与社会经济耦合协调作用的结果，包括产生的经济效益、社会效益和生态效益等，主要选取能体现水利绿色发展高效化利用、生态化输出、人文化效益内涵的指标。

4.1.1.3 水利绿色发展水平评价指标含义

（1）农业用水比例系数。农业用水比例系数是指农业生产用水占总用水量的比例。农业用水占全国用水总量达到60%以上，农业用水效率相对较低，因此，这一指标可以用来反映地区农业用水状况在经济社会和用水活动中所占比重的综合指标，在一定程度上能够反映低产出部门的用水效率。此外农业用水比例指标还可以反映经济增长过程中的用水结构变化和工业化程度。该指标可以用来作为体现水利绿色发展合理化开发方面的指标，涉及经济子系统和输入子系统。

（2）水利建设投资比重。水利建设投资比重是指水利建设投资完成额占全社会固定资产投资的比例。水利建设投资主要包括以农村饮水安全、病险水利除险加固、大型灌区续建配套与节水改造三大目标为重点的民生工程，以大江大河治理为重点的防洪工程，以骨干水源为重点的水资源配置工程，水土保持生态工程等方面。水利基础设施建设在一定程度上体现了社会经济对水利的需求，水利基础设施的投入是解决水利设施配套问题的关键。因此该指标可以体现水利绿色发展的经济投入，也可反映经济增长过程中水利发展水平。

（3）水利信息化水平。水利信息化水平是指现代信息技术在水利发展中的使用程度。通过信息基础设施建设，将信息技术用于水利信息的采集、传输、存储和处理等阶段。水利信息化水平的提升对水利绿色发展的常规化监管能力的提升具有重要推动作用。水利信息化在水资源开发精准计量、水污染排放监测、河湖水质自动监测等方面的应用，将全面提升水利活动的效率和效能，为水利绿色发展的合理化开发、高效化利用和生态化输出提供技术支撑，可见水利信息化是水利绿色发展的重要内容。

（4）大专以上管理人员比重。大专以上管理人员比重指水利职工总人数中大专以上文化程度人员的比重，用来体现一个国家或地区从事水利行业人员的素质能力和管理水平。随着国民经济的发展，人们受教育程度不断提高，水利行业大专以上管理人员比重也将不断提高。水利行业管理人员教育程度的提升，将有效提升水资源高效利用和管理能力，为水利绿色发展的合理化开发、高效化利用、生态化输出和常规化监管提供智力支撑。

（5）人均用水量。人均用水量是总用水量与总人口的比值，是人均用水水平指标。2017年全国人均用水量约为435.9m^3，天津人均用水量仅为176.3m^3，而新疆却高达2 280.8m^3，省（自治区、直辖市）间存在较大差异，这种差异大致可以反映社会人口对水利开发利用情况，体现社会发展与水利活动的协调程度。

（6）生态用水比例系数。生态用水比例系数是指生态用水占总用水量的比例。目前，水资源的不合理开发现象较为严重，长期以来国民经济用水挤占生态用水的发展模式和先污染后治理的用水方式，使得生态环境恶化，物种减少，进而影响水资源的良性循环。生态用水的目的就是为满足生态对水资源的需求，生态用水量的增加，将会在一定程度上提高生态效益，符合水利绿色发展生态化输出内涵。所以要推动水利绿色发展，就必须重视和保障生态环境用水。

（7）用水重复率。用水重复率是指用水重复利用量占用水总量的比例。在社会化发展进程中，用水在不断增加。节约用水的方法中最根本最有效的途径是提高用水水平，即提高用水重复利用率。根据发达国家的发展经验，在解决城市供水紧张和减少废水排放量工作中，提高用水重复利用率是一种行之有效的方法，并在实践中已取得明显的效果。

（8）灌溉水有效利用系数。灌溉水有效利用系数是指灌入田间可被作物吸收利用的水量（净灌溉用水量）与灌区从水源取用的灌溉总水量（毛灌溉用水量）的比值。反映灌区输水、配水和田间灌水所采用的工程、技术和管理水平高低的指标，也是实行最严格水资源管理制度三条红线中的用水效率控制红线中的重要指标之一。

（9）防洪能力指数。防洪能力指防洪减灾体系对防洪保护对象的综合保护能力，既包括工程措施和作用，也包括非工程措施的防洪作用。防洪能力指数以高标准堤防（防洪标准为50年一遇和100年一遇的防洪保护堤）的长度占堤防总长度比例来表示。防洪工程体系的建立，可显著减少大洪水或特大洪水的可能淹没范围，保护人民正常的生活与生产秩序，对保障国民经济社会可持续发展起到重要的作用，符合水利绿色发展的人文化效益的内涵。

（10）水功能区水质达标率。水功能区水质达标率指地表水和地下水域的水质状况满足设定功能要求水质目标的程度，反映对水污染控制与治理以及地表水和地下水资源保护的程度。近年来，我国水环境污染破坏较为严重，而改善水环境质量将为城乡居民提供安全、清洁的饮用水提供保障，同时也有助于改善公共设施和生活环境，满足人民不断提高生活质量的根本需求，这符合水利绿色发展的生态化输出和人文化效益的发展内涵。

（11）水土流失治理率。水土流失治理率指现状水土流失综合治理面积占适宜治理的水土流失面积比例，是用来衡量水土保持状况的环境性指标。

中国是世界上水土流失最为严重的国家之一，水土流失会导致土地贫瘠，河湖水库淤积，生态环境恶化，加剧了洪涝、干旱和风沙灾害，直接或间接造成社会经济损失。水土流失治理工作，将有效提升生态环境问题，减少经济损失，提升水利的生态效益和经济效益，符合水利绿色发展的生态效益和经济效益共赢的发展目标。

（12）水旱灾害损失率。水旱灾害损失率指一定时期内干旱与洪涝灾害造成的直接经济损失量占同期GDP的比重。这一指标可以综合反映防洪和抗旱两方面工程措施和非工程措施的建设情况以及达到的效果。但随着经济社会的发展，仅依靠工程措施不能有效达到防洪抗旱减灾的目的，只有通过工程措施和非工程措施的有效结合，逐步实现绿色方式进行防洪抗旱减灾工作，才能达到减灾的目的。根据发达国家的经验，随着防洪抗旱安全保障程度的提高，水旱灾害损失比重逐步减少，有效保障了社会经济稳定，提升了水利社会效益和经济效益，符合水利绿色发展的内涵。

（13）生产用水综合经济效率。生产用水综合经济效率用生产用水的单方水产出GDP量来表征，是水资源利用所产生的经济效益（白颖等，2010），是反映用水效率及其与经济产出之间关系的一项综合指标。随着资源短缺问题的出现，科技水平的提升，各行各业开始重视节约用水，用水效率也逐步提高。因此该指标是水利绿色发展高效化利用的产出效益指标。

（14）农村地区饮水安全保证率。农村地区饮水安全保证率是指农村地区居民能及时取得足量够用的、达到水质要求的自来水供应和集中供水人口的比例。生活供水质量安全是人民对美好生活追求的基本特征，它受水环境质量、经济发展等多方面影响。农村地区基础设施相对薄弱，农村饮水安全保障程度是水利绿色发展对农村居民生活质量保障的重要体现。农村地区饮水安全保证率指标可以用来反映水利绿色发展过程中的社会效益输出。

（15）水文化发展水平。水文化发展水平这里指物质形态的水文化在社会生活与人的互动程度。毛春梅等（2011）认为我国水文化包含物质水文化、精神水文化、制度水文化，是上述传统水文化概念的代表。李宗新（2000）认为水文化是人们在从事水事活动中创造的以水为载体的各种文化现象的总和。可见，水文化的实质就是人与水关系的文化（贾兵强，2016），是人类活动与水发生关系时所产生的以水为载体的各种文化现象的总和，是不同民族以水为轴心的文化集合体，它产生于社会生活的各个方面①。随着社会经济的发展，人们需求层次的提升，对文化等精神层面的需求增加，水文化是水利发展进入更高层次而形成的产品或服务，是水利绿色发展人文化效益的直观体现。水利旅游具有丰富的景观类型、深厚的文化底蕴和宝贵的精神财富，体现了水利风景区开发的综合价值（余凤龙等，2012），是物质水文化、精神水文化的杰出代表。本研究中用国家级水利风景区建设情况表征水文化发展水平。除物质形态的水文化外，还有制度形态、精神形态的水文化，但考虑指标的量化，这里暂不将其纳入指标体系。

（16）建成区绿化覆盖率。建成区绿化覆盖率指在城市建成区的绿化覆盖面积占建成区的百分比。绿化覆盖面积是指城市中乔木、灌木、草坪等所有植被的垂直投影面积。森林覆盖率可以作为生态用水用于修复和改善生态环境的输出参数，该指标可以反映居民生活环境质量的优劣，是水利绿色发展生态化输出的直观体现。

（17）水资源利用率。水资源利用率指流域或区域用水量占水资源总量的比率，体现的是水资源开发利用的程度。我国水资源开发已经超过水资源开发生态警戒线，严重挤占生态流量，水环境自净能力锐减，因此，水资源可持续利用已成为我国经济社会发展的战略问题，其核心是提高用水效率，建设节水型社会。水资源开发是水利绿色发展的重要环节，其是否合理直接影响着水环境、水生态变化，是水利绿色发展合理化开发内涵的直观表现。

水利绿色发展指标体系中的指标主要反映水利与社会经济发展及生态保护的协调程度、水利自身输入、响应、输出的耦合协调程度。其中部分指标由若干项分解指标综合计算得到，这些分解指标能够更为详尽地反映水利绿色发展各个方面和不同层面的内容，可以进行分别评价，也可以进行综合评价。但由于水利发展绿色水平涉及水利和经济、社会、生态系统的诸多方面，尽管研究综合提炼了17项综合指标作为衡量水利绿色发展进程的指标，但除此17项指标之外，水利工作中还有其他常用指标能反映水利发展的实物量发展状况（表4-2），本研究中未列出这一部分指标，不做详细论述，但这类指标可在各地水利绿色发展评价中予以参考。

---

① 陈雷，2009. 弘扬先进水文化 促传统水利向现代水利转变[EB/OL]. http://www.gov.cn/gzdt/2009-11/09/content_1460380.htm.

4 中国水利绿色发展指标构建与评价

表4-2 水利绿色发展指数定量化测算指标体系

Table 4-2 Water conservancy green development index quantitative measurement index system

编号	指标名称	指标分解	其他参考指标	单位	指标性质	数据来源
x_1	农业用水比例系数	农业用水量占总用水量比例	种植业、养殖业、牧业用水比例等	%	—	《中国水利统计年鉴2011—2018年》
x_2	水利建设投资比重	水利建设投资占全国固定资产投资总额比重		%	+	《中国水利统计年鉴2011—2018年》《中国固定资产投资统计年鉴2011—2018年》
x_3	水利信息化水平	各类水文信息采集点中自动采集点比重	各类信息网覆盖率、水利设施自动化控制率、办公自动化率等	%	+	《中国水利发展统计公报2010—2017年》《2017年全国水利网信发展报告》，2010—2017年各省（自治区、直辖市）水资源公报
x_4	大专以上管理人员比重	按全社会大专以上就业人员比重计算	各类受教育程度人员比例、专业培训率、具有执业资格人员比例	%	+	《中国劳动统计年鉴2010—2018年》
x_5	人均用水量	—	人均生产用水量、人均生活用水量等	m³/人	—	《中国统计年鉴2011—2018年》
x_6	生态用水比例系数	农业用水量占总用水量比例	单位面积生态用水比例、地下水控制程度、超采地下水超采率等	%	+	《中国水利统计年鉴2011—2018年》
x_7	用水重复率	用水重复量/用水总量		%	+	《中国城乡建设统计年鉴2011—2017年》
x_8	灌溉水有效利用系数	—	农业用水产出率	%	+	水利部网站

41

（续表）

编号	指标名称	指标分解	其他参考指标	单位	指标性质	数据来源
x_9	防洪能力指数	2级以上堤防长度占堤防总长度比例	高标准保护区比例、城市防洪率、海堤达标率等	%	+	《中国水利统计年鉴2011—2018年》
x_{10}	水功能区水质达标率	Ⅲ类以上水质占地表水评价河长比例（%）	地下水水质达标率、污径比、城市污水处理率等	%	+	《中国环境统计年鉴2011—2018年》，2010—2017年各省（自治区、直辖市）生态环境公报
x_{11}	水土流失治理率	水土流失治理面积占水土流失面积的比例	水土流失治愈率、人河泥沙减少比例等	%	+	《全国水土保持公报2010—2017年》，2010—2017年各省（自治区、直辖市）水土保持公报
x_{12}	水旱灾害损失率	农作物受灾面积占播种面积比例	洪涝灾害损失率、旱灾损失率、农田旱涝保收面积比例等	%	−	《中国统计年鉴2011—2018年》
x_{13}	生产用水综合经济效率	国内生产总值／用水量（生态用水除外）	万元GDP用水量、用水弹性系数、单方水粮食产量等	元/m³	+	《中国统计年鉴2011—2018年》
x_{14}	农村地区饮水安全保证率	村庄供水普及率	城市自来水普及率、城镇自来水普及率等	%	+	《中国城乡建设统计年鉴2011—2017年》
x_{15}	水文化发展水平	水利风景区数量	水文化遗产	个	+	根据水利部网站数据整理
x_{16}	建成区绿化覆盖率	—	森林覆盖率、林草覆盖率等	%	+	《中国城市统计年鉴2011—2018年》
x_{17}	水资源利用率	水资源利用量／水资源总量		%	−	《中国统计年鉴2011—2018年》

注：指标性质"+"表示正向影响；"−"表示负向影响；生产用水综合经济效率指标计算时将国内生产总值按2005年为基准年进行价格指数平减。

4.1.2 数据来源

本章对全国2010—2017年水利绿色发展指数和各省（自治区、直辖市）2017年水利绿色发展指数进行测算，研究所需数据主要通过文献查阅、统计公报、社会经济统计年鉴和网络数据库等方式获取。其中，统计年鉴类：《中国统计年鉴》（2011—2018）、《中国水利统计年鉴》（2011—2018）、《中国劳动统计年鉴》（2011—2018）、《中国城乡建设统计年鉴》（2011—2017）、《中国环境统计年鉴》（2011—2018）、各省（自治区、直辖市）统计年鉴等；统计公报类：《全国水利发展统计公报》（2010—2017）、《全国水资源公报》（2010—2017）、《全国水土保持公报》（2010—2017）、《2017年全国水利网信发展报告》《第一次全国水利普查水土保持情况公报》、各省（自治区、直辖市）环境状况公报、各省（自治区、直辖市）水土保持公报等；网络数据库包括水利部网站、国家数据、中国经济社会大数据研究平台等。此外，个别指标数据通过查阅文献获取。

水利绿色发展指数的17项评价指标中，农业用水比例系数、用水重复率、水旱灾害损失率、水利建设投资比重、生产用水综合经济效率、防洪能力指数、生态用水比例系数、水资源利用率、水土流失治理率均为综合性指标，由分项指标计算得出（表4-2）。有些数据来源多渠道，则采取某种方法为主另一方法为辅，如水土流失治理面积以各省（自治区、直辖市）水土保持公报为主，以文献查阅为辅；灌溉水有效利用系数以统计数据为主，以查阅文献为辅。个别年份数据存在缺失，采用相邻年份插值法补齐。

4.2 水利绿色发展指数模型构建

4.2.1 权重的确定

4.2.1.1 指标标准化

对水利绿色发展指标体系中不同类型的指标根据其属性区分正向指标和负向指标，其中，农业用水比例系数、人均用水量、水旱灾害损失率和水资源利用率指标为负，其余指标均为正。正负指标标准化方法见式（4-1）、式（4-2）。

正向指标：$x_{ij}' = \dfrac{x_{ij} - \min(x_{ij})}{\max(x_{ij}) - \min(x_{ij})}$ （4-1）

负向指标：$x_{ij}' = \dfrac{\max(x_{ij}) - x_{ij}}{\max(x_{ij}) - \min(x_{ij})}$ （4-2）

4.2.1.2 熵值法计算各指标权重

考虑该指标体系构建及权重确立的客观性，选择采用客观赋权方法——熵权法来确定权重，与其他方法相比，它能比较客观地对多指标进行综合评价。

首先，计算第i个研究单元第j个指标占该指标的比重，见式（4-3）。

$$p_{ij} = \dfrac{x_{ij}}{\sum_{i=1}^{n} x_{ij}}$$ （4-3）

$i = 1, 2, 3, \cdots, n$；$j = 1, 2, 3, \cdots, m$

其次，计算第j项指标的熵值，见式（4-4）。

$$e_j = -k \sum_{i=1}^{n} p_{ij} \ln(p_{ij})$$ （4-4）

其中，$k = 1/\ln(n)$，满足$e_j \geqslant 0$；

然后，计算各指标的信息熵冗余度，见式（4-5）。

$$d_i = 1 - e_j$$ （4-5）

最后，计算各项指标的权值，见式（4-6）。

$$w_{ij} = \dfrac{d_j}{\sum_{j=a}^{m} d_j}$$ （4-6）

这一测算方法是由各个样本的实际数据求得最优权重，能够深刻地反映出指标信息熵值的效用价值，避免了人为影响因素，使其更具有客观性和可信度（孟宪萌等，2009）。各指标权重计算结果见表4-3。

4 中国水利绿色发展指标构建与评价

表4-3 基于熵值法的指标权重

Table 4-3 Index weights based on entropy method

编号	指标名称	指标性质	权重
x_1	农业用水比例系数	−	0.060 7
x_2	水利建设投资比重	+	0.053 6
x_3	水利信息化水平	+	0.065 7
x_4	大专以上管理人员比重	+	0.058 7
x_5	人均用水量	−	0.061 3
x_6	生态用水比例系数	+	0.070 0
x_7	用水重复率	+	0.062 2
x_8	灌溉水有效利用系数	+	0.054 1
x_9	防洪能力指数	+	0.057 3
x_{10}	水功能区水质达标率	+	0.056 0
x_{11}	水土流失治理率	+	0.062 2
x_{12}	水旱灾害损失率	−	0.054 8
x_{13}	生产用水综合经济效率	+	0.058 9
x_{14}	农村地区饮水安全保证率	+	0.057 8
x_{15}	水文化发展水平	+	0.058 2
x_{16}	建成区绿化覆盖率	+	0.054 5
x_{17}	水资源利用率	−	0.054 1

4.2.2 模型构建

根据水利绿色发展理论构架，水利绿色发展的本质是各系统之间耦合作用，进而达到协调最优。考虑到水利绿色发展的双维度构架的特殊性，这里将耦合协调度模型进行改良，构建水利绿色发展模型。

4.2.2.1 综合发展指数

本研究的系统有6个子系统，通过各指标标准化值和权重值，分别构建经济系统综合发展指数（S_{EN}）、社会系统综合发展指数（S_S）、生态系统综合指数（S_{EL}）和输入系统综合发展指数（S_I）、响应系统综合发展指数（S_R）、输出系统综合发展指数（S_O），见式（4-7）。

$$f(S) = \sum_{i=1}^{n} a_i x_i \qquad (4-7)$$

式中，S 表示各子系统综合发展指数，a_i 表示权重；x_i 为相应系统内二级指标标准化值；n 为子系统内指标个数。

4.2.2.2 耦合协调度模型

基于耦合度概念，选择以变异系数为基础的耦合指数，耦合度越大表明系统间相互作用越强。这里分别计算出经济子系统、社会子系统、生态子系统之间的耦合协调度和输入系统、响应系统和输出系统之间的耦合协调度。首先计算各维度下子系统之间的耦合指数，见式（4-8）、式（4-9）。

$$C_1 = \left\{ \frac{f(S_{EN}) f(S_S) f(S_{EL})}{\left[\dfrac{f(S_{EN}) + f(S_S) + f(S_{EL})}{3} \right]^3} \right\}^3 \qquad (4-8)$$

$$C_2 = \left\{ \frac{f(S_I) f(S_R) f(S_O)}{\left[\dfrac{f(S_I) + f(S_R) + f(S_O)}{3} \right]^3} \right\}^3 \qquad (4-9)$$

式中，C_1 表示衡量经济子系统、社会子系统、生态子系统三者之间的耦合指数；C_2 表示衡量输入系统、响应系统和输出系统之间的耦合指数。耦合指数在衡量各子系统耦合关系作用强弱上具有重要的现实意义。但这种作用强弱关系不能反映系统是否协调最优，实现绿色发展。如果子系统发展指数取值均较低的情况下，评价结果并不可靠（王琦等，2008）。据此，为了更加准确判断经济、社会和生态及输入、响应、输出系统之间的耦合协调程度，构建了耦合协调度模型，见式（4-10）至式（4-13）。

$$D_1 = \sqrt{C_1 T} \quad (4\text{-}10)$$

$$D_2 = \sqrt{C_2 S} \quad (4\text{-}11)$$

$$T = \alpha f(S_{EN}) + \beta f(S_S) + \gamma f(S_{EL}) \quad (4\text{-}12)$$

$$S = \delta f(S_I) + \varepsilon f(S_R) + \eta f(S_O) \quad (4\text{-}13)$$

式中，D_1表示社会、经济、生态系统之间的耦合协调度；D_2表示输入、响应、输出系统之间的耦合协调度；T为"经济—社会—生态"维度综合评价指数；α、β、γ为调节系数，研究认为经济发展、社会发展和生态发展同等重要，因而设$\alpha = \beta = \gamma = 0.3$；$S$为"输入—响应—输出"维度综合评价指数；$\delta$、$\varepsilon$、$\eta$为调节系数，研究认为输入系统、响应系统和输出系统同等重要，因而设$\delta = \varepsilon = \eta = 0.3$。

4.2.2.3 水利绿色发展指数模型

为了更加准确地判断水利绿色发展水平，对"经济—社会—生态"和"输入—响应—输出"维度的耦合协调度进行加权，表征双维度的综合作用。本研究认为双维度的耦合协调作用同等重要，故权重为1/2，基于此构建出双维度关联绿色发展指数模型，其算法见式（4-14）。

$$G = \frac{1}{2}(D_1 + D_2) = \frac{1}{2}(\sqrt{C_1 T} + \sqrt{C_2 S}) \quad (4\text{-}14)$$

式中，G值越大，表明地区水利绿色发展水平相对较高。相较于单维评价方法，双维度评价模型的优点在于能有效降低由于异常值导致的结果误差：单一维度的评价方法往往是根据权重将各指标加权求和，这种情况下，如果指标体系中有某个指标值异常偏高，那么就会引起总值增大，从而带来较大的计算误差；文章3.4节构建的水利绿色发展框架，强调各子系统的协调均衡发展，一是借鉴了耦合协调度模型，计算指标之间的耦合协调作用；二是将双维度评价结果进行加权平均计算水利绿色发展指数，来体现双维度之间的相互作用，这两步均能有效降低由异常值导致的结果误差。

4.3 中国水利绿色发展指数

根据上述构建的模型，对全国及31省（自治区、直辖市）2010—2017年的水利绿色发展指数进行测算。同时，为了比较我国不同区域间水利绿色发展指数的差异，本节按照国家统计局的划分标准，将全国分割为东部地区、中部地区和西部地区。其中，东部是指最早实行沿海开放政策并且经济发展水平较高的省（直辖市），包括北京、天津、河北、辽宁、上海、江苏、浙江、福建、山东、广东和海南共11个省（直辖市）；中部是指经济次发达地区，包括山西、吉林、黑龙江、安徽、江西、河南、湖北、湖南；而西部则是指经济欠发达的地区，包括四川、重庆、贵州、云南、西藏、陕西、甘肃、青海、宁夏、新疆、广西、内蒙古共12个省（自治区、直辖市）（国家统计局能源统计司，2017）。以上对全国东、中、西部的划分能基本代表高中低水平的区域经济发展水平，这种划分方式已多次被学者使用（郝淑双，2018；邵晓雯，2019），本研究中也采用此种划分方式。

4.3.1 水利绿色发展的分系统综合发展指数

水利绿色发展的分系统主要指4.1.1节所述"经济—社会—生态"维度和"输入—输出—响应"维度包含的6个子系统。各子系统的综合发展指数根据式（4-7）计算得出，用来衡量各子系统内能反映绿色发展水平指标的综合值。

4.3.1.1 经济子系统综合发展指数

2010—2017年中国31个省（自治区、直辖市）的经济子系统综合发展指数（以下简称经济指数）的测算结果见表4-4，并进一步绘制了东部、中部和西部3个地区的经济指数图（图4-1），以更直观地展示2010—2017年三大区域经济指数的总体变化趋势。

从表4-4可知，2017年经济系统综合指数较高的省份有北京、天津、上海、浙江、江苏，综合指数较低的省份有西藏、青海、新疆、海南、湖南。这与经济发展、产业结构和区域用水结构紧密相关。其中，经济指数较高的省（自治区、直辖市）经济相对发达，工业反哺农业，对农田灌溉节水较为重视，农田灌溉水有效利用系数较高。经济指数较低的省份的农业用水比例偏高，但农田灌溉方式较为粗放，水资源利用率不高，在一定程度上也导致生产用水综合效益较低。但相较于2010年，除河北外，中国其他省（自治区、直辖市）的经济系统绿色经济指数均呈现好转趋势，经济系统评价结果与中国经济发展总体向好的特点相符合。

表4-4 2010—2017年中国31个省级行政区的经济指数

Table 4-4 Economic index of China's 31 provincial-level administrative regions from 2010 to 2017

地区	2010年	2011年	2012年	2013年	2014年	2015年	2016年	2017年
北京	0.177	0.174	0.176	0.198	0.176	0.200	0.195	0.253
天津	0.206	0.213	0.199	0.215	0.223	0.228	0.233	0.249
河北	0.165	0.166	0.168	0.171	0.171	0.169	0.177	0.157
辽宁	0.150	0.158	0.162	0.161	0.143	0.157	0.178	0.172
上海	0.216	0.216	0.172	0.175	0.187	0.185	0.195	0.226
江苏	0.155	0.160	0.164	0.169	0.171	0.174	0.183	0.188
浙江	0.165	0.169	0.168	0.145	0.186	0.182	0.182	0.202
福建	0.128	0.157	0.138	0.134	0.140	0.144	0.140	0.166
山东	0.152	0.162	0.162	0.166	0.170	0.171	0.175	0.181
广东	0.130	0.135	0.139	0.129	0.135	0.143	0.153	0.157
海南	0.092	0.077	0.120	0.093	0.085	0.118	0.078	0.117
东部平均	0.158	0.162	0.161	0.160	0.162	0.170	0.172	0.188
山西	0.143	0.149	0.154	0.135	0.144	0.143	0.153	0.169
吉林	0.134	0.138	0.140	0.139	0.145	0.142	0.144	0.147
黑龙江	0.109	0.132	0.122	0.110	0.128	0.154	0.122	0.119
安徽	0.143	0.152	0.158	0.154	0.164	0.161	0.161	0.179
江西	0.120	0.106	0.132	0.109	0.116	0.121	0.118	0.134
河南	0.161	0.174	0.184	0.169	0.170	0.178	0.180	0.183

（续表）

地区	2010年	2011年	2012年	2013年	2014年	2015年	2016年	2017年
湖北	0.145	0.153	0.158	0.139	0.148	0.150	0.146	0.154
湖南	0.090	0.104	0.106	0.091	0.107	0.115	0.112	0.118
中部平均	0.131	0.139	0.144	0.131	0.140	0.146	0.142	0.150
重庆	0.129	0.131	0.150	0.147	0.147	0.147	0.148	0.152
四川	0.106	0.118	0.124	0.120	0.119	0.124	0.132	0.139
贵州	0.122	0.123	0.147	0.127	0.137	0.140	0.144	0.148
云南	0.085	0.104	0.085	0.096	0.145	0.148	0.155	0.163
西藏	0.081	0.089	0.098	0.154	0.145	0.141	0.116	0.085
陕西	0.132	0.154	0.158	0.149	0.152	0.157	0.159	0.164
甘肃	0.127	0.136	0.141	0.134	0.126	0.142	0.138	0.159
青海	0.105	0.084	0.090	0.091	0.092	0.094	0.113	0.110
宁夏	0.129	0.106	0.120	0.113	0.109	0.127	0.122	0.149
新疆	0.088	0.090	0.081	0.093	0.063	0.086	0.093	0.113
内蒙古	0.118	0.081	0.115	0.130	0.125	0.125	0.125	0.134
广西	0.119	0.130	0.134	0.131	0.126	0.142	0.146	0.147
西部平均	0.112	0.112	0.120	0.124	0.124	0.131	0.133	0.139

从总体上看，我国有30个省（自治区、直辖市）（除河北外）2017年的经济指数大于2010年的经济指数。与2010年相比，2017年全国31个省（自治区、直辖市）的经济指数增长率取值范围在[-4.8%，91.8%]，平均增长率为20.8%，只有河北省的增长率为负值（-4.8%），其余30个省（自治区、直辖市）的增长率均大于零。其中，云南省的经济指数增长率最大，为91.8%，北京、四川、湖南的经济指数增长率紧随其后，且都大于30%；增长率较小的是上海、青海和西藏，增长率值均小于5%，其中上海市的增长率最小，仅为4.6%。可以看出，我国水利绿色发展系统中的经济指数总体呈现上升趋势。

4 中国水利绿色发展指标构建与评价

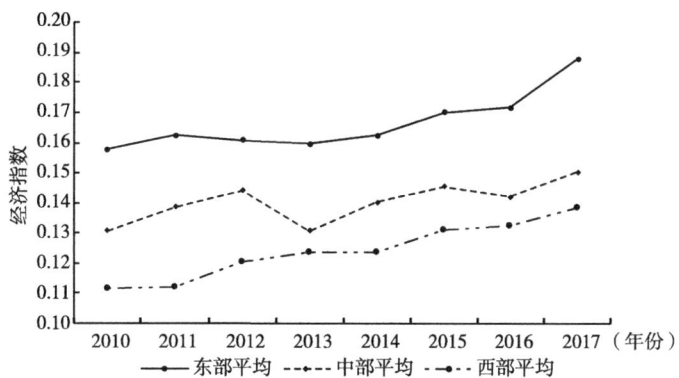

图4-1 2010—2017年我国东部、中部和西部经济指数

Fig. 4-1 Economic index of China's eastern, central and western regions from 2010 to 2017

从表4-4和图4-1可以看出,东部、中部和西部三大区域的经济指数具体情况如下。

东部区域:2010—2017年,天津、北京和上海的经济指数均较高,海南、广东和福建的经济指数均较低,其余5个省(直辖市)的经济指数处于中等水平。其中,天津的经济指数在较小波段当中稳步上升,且一直处于东部最高水平;北京的经济指数稳步上升,在2016年之后表现出明显的上升趋势;上海的经济指数则呈现出先减小后增大的趋势,在2016年之后表现出明显的上升趋势。海南省的经济指数变化趋势表现出明显的波动,但一直处于东部区域的最低水平。浙江和辽宁的经济指数虽然处于东部区域的中等水平,但年际间的波动较为明显,其余省份的年际间变化较小。

中部区域:2010—2017年,河南和安徽的经济指数较高,湖南、江西和黑龙江的经济指数均较低,其余3个省的经济指数处于中等水平。其中,河南的经济指数一直处于中部区域的最高水平,安徽省紧随其后,两者均表现出稳步上升的趋势;湖南和江西的经济指数一直处于中部区域的最低水平,存在较大波动,但也表现出上升的趋势;黑龙江的经济指数年际间波动最为明显,在2015年之后出现明显的下降趋势。其余省份的经济指数年际间波动较小。

西部区域:2010—2017年,陕西和重庆的经济指数较高,新疆、青海和西藏的经济指数较低,其余7个省(自治区、直辖市)的经济指数处于中等水平。其中,陕西省的经济指数一直处于西部区域的最高水平,且表现出稳定的上升趋势；新疆的经济指数则处于西部区域的最低水平，但在研究的后期也表现出明显的上升趋势。云南省的年际间波动最大，前期上升趋势较明显，后期上升趋势趋于平缓。西藏的经济指数则表现出先减小后增大再减小的趋势，2015年后下降趋势最为明显。其余省份的经济指数波动较小。

对比东部、中部和西部三大区域，可以看出东部区域的经济指数水平最高（经济指数主要集中在0.12~0.25），中部区域的经济指数则处于中等水平（经济指数主要集中在0.10~0.18），而西部区域的经济指数水平最低（经济指数主要集中在0.08~0.15）。

4.3.1.2 社会子系统综合发展指数

2010—2017年中国31个省（自治区、直辖市）的社会子系统综合发展指数（以下简称社会指数）的测算结果见表4-5，并根据表4-5进一步绘制了东部、中部和西部三个地区的社会指数图（图4-2），以更直观地展示2010—2017年三大区域社会指数的总体变化趋势。

表4-5　2010—2017年中国31个省级行政区的社会指数

Table 4-5　Social index of China's 31 provincial-level administrative regions from 2010 to 2017

地区	2010年	2011年	2012年	2013年	2014年	2015年	2016年	2017年
北京	0.193	0.208	0.208	0.205	0.210	0.217	0.214	0.216
天津	0.166	0.193	0.191	0.197	0.210	0.241	0.210	0.210
河北	0.148	0.160	0.189	0.190	0.198	0.217	0.206	0.207
辽宁	0.115	0.135	0.142	0.151	0.153	0.159	0.161	0.167
上海	0.188	0.176	0.194	0.232	0.225	0.246	0.244	0.249
江苏	0.144	0.138	0.18	0.191	0.199	0.207	0.211	0.212
浙江	0.175	0.141	0.174	0.178	0.200	0.206	0.208	0.214
福建	0.159	0.174	0.179	0.184	0.189	0.194	0.198	0.205
山东	0.151	0.166	0.169	0.198	0.249	0.233	0.232	0.234
广东	0.154	0.160	0.161	0.167	0.165	0.179	0.177	0.184
海南	0.153	0.168	0.171	0.170	0.172	0.172	0.177	0.180

（续表）

地区	2010年	2011年	2012年	2013年	2014年	2015年	2016年	2017年
东部平均	0.159	0.165	0.178	0.188	0.197	0.206	0.203	0.207
山西	0.128	0.123	0.172	0.170	0.192	0.196	0.196	0.199
吉林	0.094	0.158	0.157	0.167	0.170	0.183	0.175	0.182
黑龙江	0.100	0.097	0.098	0.103	0.107	0.126	0.121	0.136
安徽	0.102	0.121	0.135	0.143	0.151	0.167	0.166	0.175
江西	0.125	0.129	0.132	0.114	0.153	0.162	0.160	0.174
河南	0.126	0.138	0.146	0.157	0.166	0.167	0.166	0.177
湖北	0.127	0.144	0.140	0.146	0.154	0.172	0.163	0.176
湖南	0.144	0.171	0.156	0.161	0.165	0.180	0.173	0.185
中部平均	0.118	0.135	0.142	0.145	0.157	0.169	0.165	0.176
重庆	0.128	0.144	0.144	0.147	0.164	0.174	0.180	0.197
四川	0.070	0.076	0.103	0.125	0.122	0.123	0.126	0.144
贵州	0.140	0.155	0.161	0.169	0.165	0.102	0.104	0.115
云南	0.112	0.102	0.102	0.108	0.108	0.142	0.146	0.151
西藏	0.054	0.070	0.065	0.077	0.082	0.142	0.151	0.157
陕西	0.119	0.150	0.133	0.196	0.205	0.205	0.209	0.219
甘肃	0.097	0.106	0.113	0.116	0.120	0.152	0.156	0.163
青海	0.121	0.155	0.186	0.180	0.181	0.182	0.186	0.185
宁夏	0.099	0.113	0.140	0.142	0.145	0.162	0.166	0.173
新疆	0.083	0.087	0.094	0.111	0.115	0.123	0.126	0.132
内蒙古	0.085	0.105	0.116	0.116	0.173	0.183	0.181	0.191
广西	0.125	0.139	0.142	0.143	0.148	0.157	0.156	0.164
西部平均	0.103	0.117	0.125	0.136	0.144	0.154	0.157	0.166

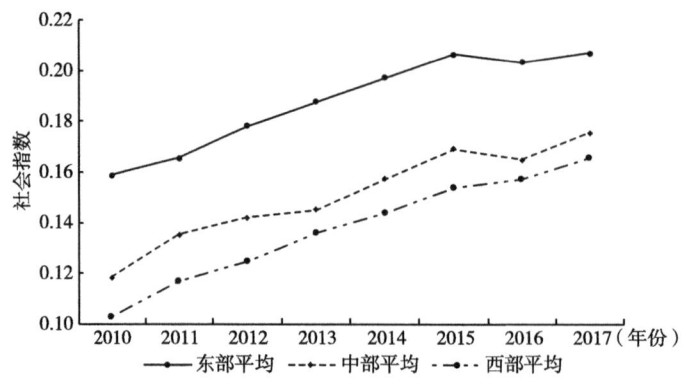

图4-2　2010—2017年我国东部、中部和西部社会指数

Fig. 4-2　Social index of China's eastern, central and western regions from 2010 to 2017

从社会系统来看，2017年社会系统绿色指数较高的省份有上海、山东、山西、北京和浙江，社会指数较低的省份有贵州、新疆、黑龙江、四川和云南。其中社会指数较高的省（市）节水型社会建设较好，人均用水量较低，城镇化率高，城乡统筹供水，能有效保证农村地区饮水安全，此外水利信息化水平也相对较高。社会指数较低的省份主要是从业人员中教育水平较低，对水文化发展重视不足。相较于2010年，除贵州外，其他省份水利绿色发展社会系统社会指数均有所提升。

从总体上看，我国有30个省（自治区、直辖市）（除贵州外）2017年的社会指数大于2010年的社会指数。与2010年相比，2017年全国31个省（自治区、直辖市）的社会指数增长率取值范围在[-17.9%，190.7%]，平均增长率为52%，只有贵州省的增长率为负值（-17.9%），其余30个省（自治区、直辖市）的增长率均大于零。其中，西藏自治区的社会指数增长率最大，为190.7%，内蒙古和四川的社会指数增长率紧随其后，且都大于1；增长率较小的是北京、海南和广东，增长率值均小于20%，其中北京市的增长率最小，仅为11.9%。可以看出，我国水利绿色发展系统中的社会指数总体呈现上升趋势。

从图4-2和表4-5可以看出，东部、中部和西部三大区域的社会指数具体情况如下。

东部区域：2010—2017年，北京、山东和上海的社会指数在东部区域相对处于较高水平，辽宁、海南和广东的社会指数则处于较低水平，其余5个省份的社会指数则处于中等水平。其中，上海和山东的社会指数上升趋势最为明显，北京的社会指数变化则比较平缓。辽宁的社会指数一直处于东部区域的最低水平，但也表现出稳步上升的趋势，即使上升幅度较小；浙江和江苏的社会指数在前期表现出明显的上升趋势，但在后期则趋于平缓，其他省份的社会指数年际间变化较小。

中部区域：2010—2017年，湖南的社会指数一直处于较高水平；但在2012年之后，山西和吉林的社会指数出现较大幅度的上升，同样处于中部区域的较高水平。黑龙江的社会指数则一直处于中部区域的最低水平，其余4个省份的社会指数则处于中等水平。其中，山西的社会指数前期上升幅度较大，后期趋于平缓，但一直处于最高水平，吉林的社会指数紧随其后，表现出相同的变化趋势。江西的社会指数年际间波动最大，但后期也出现较明显的上升趋势；黑龙江的社会指数虽然也稳步上升，但一直处于最低水平，其余省份的社会指数的年际间变化较小。

西部区域：2010—2017年，陕西省的社会指数表现出明显的上升趋势，在2013年后陕西的社会指数处于西部地区的最高水平；青海的社会指数也表现出稳步上升的趋势，同样处于较高水平。贵州的社会指数则先缓慢上升，然后快速下降，在2015年之后处于西部区域的最低水平。2014年之前，西藏的社会指数最低，之后呈现出快速上升的趋势。新疆和四川的社会指数表现出缓慢上升的趋势。内蒙古的社会指数在前期处于西部地区的较低水平，但上升趋势明显，在后期达到了西部区域的较高水平。其余省份的社会指数均稳步上升，但上升幅度有限。

对比东部、中部和西部三大区域的社会指数，可以看出东部区域的社会指数最高（主要集中在0.15~0.25），中部区域的社会指数处于中等水平（主要集中在0.12~0.18），西部区域的社会指数最低（主要集中在0.08~0.18）。三大区域的经济指数和社会指数表现出相同的特征，均是东部区域最高，西部区域最低。

4.3.1.3 生态子系统综合发展指数

2010—2017年中国31个省（自治区、直辖市）的生态子系统综合发展指数（以下简称生态指数）的测算结果见表4-6，并进一步绘制了东部、中部和西部3个地区的生态指数图（图4-3），以更直观地展示2010—2017年三大区域生态指数的总体变化趋势。

2017年生态系统绿色指数较高的省份有北京、重庆、江西、浙江和福建，绿色指数较低的省份有宁夏、江苏、天津、黑龙江和西藏。这与区域水生态、水环境有较大关系，生态指数较高的省（自治区、直辖市）水生态环境较好，水功能区水质达标率较高，城市绿化、水资源开发利用程度相对较小；生态指数较低的省（自治区、直辖市）生态用水缺乏，环保投入不足，同时，水土流失治理能力有待进一步提升。相较于2010年，除新疆外，其他省份水利绿色发展生态系统生态指数均有所提升。

表4-6 2010—2017年中国31个省级行政区的生态指数

Table 4-6 Ecological index of China's 31 provincial-level administrative regions from 2010 to 2017

地区	2010年	2011年	2012年	2013年	2014年	2015年	2016年	2017年
北京	0.205	0.196	0.215	0.223	0.235	0.263	0.271	0.281
天津	0.085	0.089	0.100	0.088	0.103	0.111	0.128	0.134
河北	0.154	0.155	0.145	0.146	0.144	0.145	0.153	0.157
辽宁	0.163	0.170	0.154	0.157	0.158	0.157	0.157	0.167
上海	0.143	0.132	0.132	0.133	0.159	0.168	0.173	0.170
江苏	0.118	0.118	0.111	0.110	0.117	0.116	0.122	0.122
浙江	0.156	0.151	0.167	0.175	0.180	0.178	0.185	0.188
福建	0.156	0.151	0.171	0.177	0.174	0.176	0.183	0.187
山东	0.142	0.147	0.136	0.141	0.139	0.147	0.151	0.158
广东	0.143	0.147	0.146	0.148	0.148	0.148	0.151	0.153
海南	0.153	0.154	0.154	0.155	0.154	0.144	0.153	0.153
东部平均	0.147	0.146	0.148	0.150	0.156	0.159	0.166	0.170
山西	0.144	0.149	0.146	0.155	0.153	0.15	0.162	0.168
吉林	0.139	0.150	0.154	0.123	0.157	0.144	0.142	0.142
黑龙江	0.119	0.119	0.115	0.123	0.129	0.129	0.132	0.135
安徽	0.137	0.145	0.140	0.145	0.139	0.145	0.149	0.152
江西	0.189	0.187	0.188	0.189	0.192	0.192	0.194	0.199
河南	0.136	0.138	0.130	0.126	0.137	0.141	0.151	0.162

（续表）

地区	2010年	2011年	2012年	2013年	2014年	2015年	2016年	2017年
湖北	0.156	0.161	0.163	0.163	0.163	0.167	0.173	0.179
湖南	0.146	0.157	0.158	0.160	0.164	0.167	0.170	0.172
中部平均	0.146	0.151	0.149	0.148	0.154	0.154	0.159	0.164
重庆	0.184	0.169	0.176	0.168	0.195	0.196	0.200	0.202
四川	0.152	0.153	0.157	0.159	0.160	0.164	0.169	0.172
贵州	0.110	0.125	0.143	0.164	0.170	0.174	0.18	0.185
云南	0.147	0.157	0.154	0.150	0.161	0.163	0.168	0.173
西藏	0.124	0.092	0.106	0.08	0.157	0.154	0.138	0.140
陕西	0.171	0.184	0.169	0.173	0.183	0.178	0.182	0.187
甘肃	0.120	0.127	0.129	0.134	0.134	0.139	0.147	0.158
青海	0.131	0.137	0.137	0.135	0.137	0.136	0.144	0.149
宁夏	0.081	0.098	0.108	0.125	0.113	0.103	0.114	0.122
新疆	0.152	0.144	0.140	0.137	0.114	0.145	0.147	0.151
内蒙古	0.124	0.132	0.143	0.143	0.149	0.163	0.172	0.171
广西	0.130	0.142	0.141	0.151	0.156	0.154	0.156	0.160
西部平均	0.136	0.138	0.142	0.143	0.152	0.156	0.160	0.164

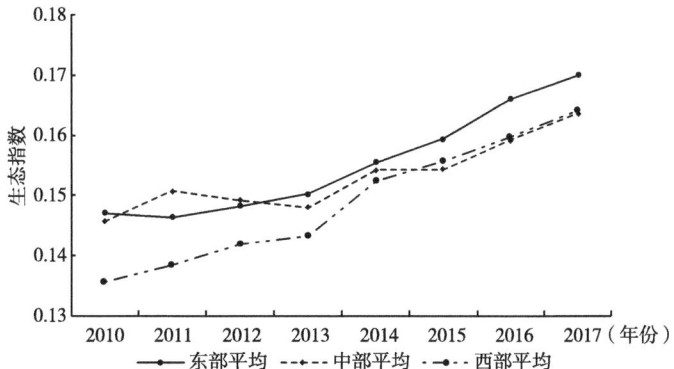

图4-3 2010—2017年我国东部、中部和西部生态指数

Fig. 4-3 Ecological index of China's eastern, central and western regions from 2010 to 2017

从总体上看，我国有29个省（自治区、直辖市）（除新疆和海南外）2017年的生态指数大于2010年的生态指数。与2010年相比，2017年全国31个省（自治区、直辖市）的生态指数增长率取值范围在[-0.7%，68.2%]，平均增长率为18.3%，只有新疆的增长率为负值（-0.7%），海南省的增长率为0，其余29个省（自治区、直辖市）的增长率均大于零。其中，贵州的生态指数增长率最大，为68.2%，天津和宁夏的生态指数增长率紧随其后，且都大于5%；增长率较小的是河北、吉林、辽宁和江苏，增长率值均小于5%，其中河北的增长率最小，仅为1.9%。可以看出，我国水利绿色发展系统中的生态指数总体呈现上升趋势。

从图4-3和表4-6可以看出，东部、中部和西部三大区域的生态指数具体情况如下。

东部区域：2010—2017年，北京的生态指数明显大于其他省份的生态指数，呈现出稳步上升的趋势，且一直处于东部区域的最高水平。天津和江苏的生态指数则处于东部区域的最低水平，虽有上升趋势，但幅度较小。其他省份的生态指数年际间差异不明显，但总体而言，其生态指数略有增长。

中部区域：2010—2017年，江西的生态指数明显大于其他省份的生态指数，呈现出缓慢上升的趋势，且一直处于中部区域的最高水平。黑龙江的生态指数最小，虽有缓慢增长，但仍然一直处于中部区域的最低水平。吉林的生态指数年际间波动明显，呈现出上升—下降—再上升—再下降的变化趋势。其余省份的生态指数年际间的变化不明显，且一直处于中部区域的中等水平。

西部区域：2010—2017年，重庆和陕西的生态指数呈现波动上升的趋势，且一直处于西部区域的最高水平。宁夏的生态指数呈现出先上升后下降的趋势，且处于西部区域的最低水平。西藏的生态指数年际间波动较大，在2010—2013年其生态指数处于西部区域的较低水平，随后快速上升且趋于平缓。其余省份的生态指数随着时间的变化不明显，但总体也呈现出缓慢上升的趋势。

对比东部、中部和西部的生态指数，可以看出东部区域的生态指数处于最高水平（生态指数值主要集中在0.14~0.25），而中部区域和西部区域的生态指数水平相当，其生态指数值分别主要集中在0.13~0.16和0.13~0.18。

4.3.1.4 输入子系统综合发展指数

2010—2017年中国31个省（自治区、直辖市）的输入子系统综合发展指数（以下简称输入指数）的测算结果见表4-7，并根据表4-7进一步绘制了东部、中部和西部3个地区的输入指数图（图4-4），以更直观地展示2010—2017年三大区域输入指数的总体变化趋势。

表4-7　2010—2017年中国31个省级行政区的输入指数

Table 4-7　Input index of China's 31 provincial administrative regions from 2010 to 2017

地区	2010年	2011年	2012年	2013年	2014年	2015年	2016年	2017年
北京	0.236	0.256	0.270	0.275	0.278	0.309	0.333	0.341
天津	0.196	0.223	0.217	0.207	0.227	0.235	0.252	0.261
河北	0.170	0.180	0.205	0.203	0.205	0.214	0.219	0.216
辽宁	0.171	0.194	0.189	0.195	0.193	0.202	0.214	0.208
上海	0.214	0.186	0.213	0.249	0.255	0.277	0.285	0.303
江苏	0.150	0.148	0.183	0.187	0.195	0.201	0.209	0.204
浙江	0.223	0.187	0.227	0.229	0.254	0.259	0.258	0.258
福建	0.208	0.219	0.224	0.224	0.224	0.232	0.239	0.238
山东	0.142	0.156	0.153	0.172	0.208	0.188	0.188	0.195
广东	0.211	0.214	0.211	0.211	0.208	0.218	0.219	0.220
海南	0.180	0.187	0.190	0.184	0.188	0.195	0.201	0.198
东部平均	0.191	0.195	0.207	0.212	0.221	0.230	0.238	0.240
山西	0.175	0.171	0.209	0.206	0.229	0.225	0.229	0.240
吉林	0.152	0.219	0.212	0.210	0.214	0.219	0.216	0.214
黑龙江	0.133	0.135	0.133	0.120	0.128	0.155	0.137	0.129
安徽	0.160	0.175	0.188	0.194	0.198	0.201	0.203	0.211
江西	0.194	0.191	0.196	0.170	0.203	0.208	0.207	0.208
河南	0.179	0.196	0.204	0.191	0.198	0.194	0.202	0.212

（续表）

地区	2010年	2011年	2012年	2013年	2014年	2015年	2016年	2017年
湖北	0.201	0.217	0.215	0.206	0.206	0.208	0.215	0.211
湖南	0.187	0.217	0.219	0.214	0.214	0.213	0.216	0.218
中部平均	0.173	0.190	0.197	0.189	0.199	0.203	0.203	0.205
重庆	0.230	0.248	0.249	0.244	0.250	0.249	0.251	0.249
四川	0.155	0.160	0.181	0.204	0.196	0.196	0.199	0.196
贵州	0.221	0.230	0.227	0.223	0.219	0.149	0.158	0.161
云南	0.176	0.161	0.159	0.162	0.160	0.195	0.195	0.195
西藏	0.138	0.148	0.145	0.142	0.136	0.204	0.207	0.191
陕西	0.157	0.195	0.172	0.226	0.228	0.229	0.230	0.232
甘肃	0.151	0.155	0.157	0.150	0.147	0.187	0.189	0.202
青海	0.152	0.189	0.196	0.196	0.195	0.202	0.216	0.220
宁夏	0.095	0.085	0.128	0.125	0.127	0.138	0.151	0.166
新疆	0.129	0.113	0.119	0.138	0.125	0.142	0.149	0.166
内蒙古	0.131	0.149	0.163	0.165	0.212	0.219	0.229	0.237
广西	0.192	0.207	0.196	0.193	0.194	0.207	0.206	0.205
西部平均	0.161	0.170	0.174	0.181	0.182	0.193	0.198	0.202

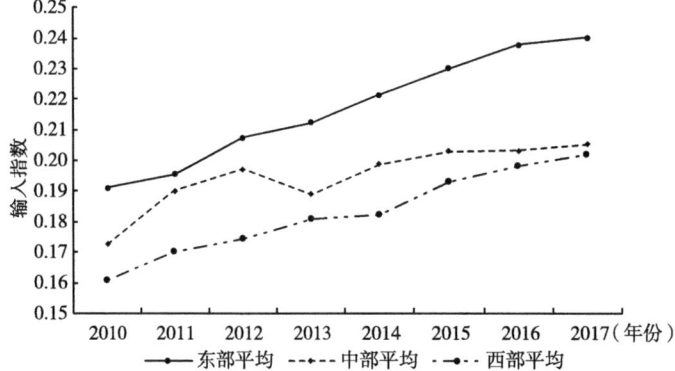

图4-4 2010—2017年我国东部、中部和西部输入指数

Fig. 4-4 Input index of China's eastern, central and western regions from 2010 to 2017

从输入系统看，2017年输入系统绿色指数较高的省份有北京、上海、天津、浙江和重庆，生态指数较低的是黑龙江、贵州、宁夏、新疆和西藏。生态指数较高的区域水资源用于农业投入的量相对较少，人均用水量也相对较低，对水资源的开发利用较为合理；生态指数较低的区域主要是由于农业用水仍占据很大比例，对水利管理人员的教育水平投入不足，为生态环境修复提供的水资源供给较少。相较于2010年，93.55%的省（自治区、直辖市）输入水平呈上升趋势，但黑龙江和贵州的输入水平相对滞后，并未得到改善。

从总体上看，我国有29个省（自治区、直辖市）（除贵州和黑龙江外）2017年的输入指数大于2010年的输入指数。与2010年相比，2017年全国31个省（自治区、直辖市）的输入指数增长率取值范围在[-27.1%，80.9%]，平均增长率为26.3%，只有贵州和黑龙江的增长率为负值，分别为-27.1%和-30%，其余29个省（自治区、直辖市）的增长率均大于零。其中，内蒙古的输入指数增长率最大，为80.9%，宁夏的输入指数增长率紧随其后，为74.7%；增长率较小的是广东、湖北、广西、江西和重庆，增长率值均小于10%，其中广东的增长率最小，仅为4.3%。可以看出，我国水利绿色发展系统中的输入指数总体呈现上升趋势。

从表4-7和图4-4可以看出，东部、中部和西部三大区域的输入指数具体情况如下。

东部区域：2010—2017，北京的输入指数明显大于其他省份的输入指数，呈现出稳步上升的趋势，且一直处于东部区域的最高水平。山东和江苏的输入指数年际间存在波动，虽然有缓慢上升的趋势，但一直处于东部区域的最低水平。上海和浙江的输入指数增幅明显，在后期达到东部区域的较高水平。其余省份的输入指数虽呈现出缓慢增长的趋势，但年际间变化不明显。

中部区域：2010—2017年，山西的输入指数表现出明显的上升趋势，且在2013年之后达到了中部区域的最高水平。而黑龙江的输入指数则明显小于其他省份，虽有波动，但近期表现出下降的趋势。江西的输入指数变化明显，呈现出先上升后下降再上升，随后趋于稳定的趋势。其余省份的输入指数均表现出缓慢上升的趋势，但增幅较小，变化不明显。

西部区域：2010—2017年，重庆的输入指数年际间波动较小，且一直处于西部区域的最高水平，其输入指数均大于其他省份。宁夏和新疆的输入指数虽然上升趋势明显,但一直处于西部区域的最低水平。贵州的输入指数前期变化不明显,但后期出现快速下降,最后达到了西部区域的较低水平。内蒙古和陕西的输入指数呈现出明显的上升趋势,在后期达到了西部区域的较高水平。其余省份的输入指数也表现出上升的趋势,但一直处于西部区域的中等水平。

对于东部、中部和西部区域的输入指数,可以看出东部区域的输入指数处于较高水平,其输入指数值主要集中在0.15~0.25;在中部区域,除黑龙江外,其余省份的输入指数值主要集中在0.15~0.20;西部区域各省份之间的输入指数差异较大,其值主要集中在0.12~0.25,说明中部区域和西部区域的输入指数水平相当。

4.3.1.5 响应子系统综合发展指数

2010—2017年中国31个省(自治区、直辖市)的响应子系统综合发展指数(以下简称响应指数)的测算结果见表4-8,并根据表4-8进一步绘制了东部、中部和西部3个地区的响应指数图(图4-5),以更直观地展示2010—2017年三大区域响应指数的总体变化趋势。

表4-8 2010—2017年中国31个省级行政区的响应指数

Table 4-8 Response index of 31 provincial-level administrative regions in China from 2010 to 2017

地区	2010年	2011年	2012年	2013年	2014年	2015年	2016年	2017年
北京	0.168	0.164	0.173	0.183	0.182	0.188	0.178	0.201
天津	0.123	0.120	0.136	0.134	0.145	0.177	0.149	0.151
河北	0.170	0.170	0.169	0.170	0.171	0.180	0.176	0.153
辽宁	0.160	0.165	0.159	0.161	0.171	0.171	0.171	0.178
上海	0.192	0.199	0.143	0.150	0.168	0.175	0.178	0.187
江苏	0.114	0.119	0.115	0.119	0.125	0.124	0.128	0.133
浙江	0.142	0.144	0.153	0.160	0.166	0.165	0.174	0.181
福建	0.127	0.135	0.132	0.137	0.134	0.137	0.140	0.154

（续表）

地区	2010年	2011年	2012年	2013年	2014年	2015年	2016年	2017年
山东	0.151	0.154	0.142	0.150	0.152	0.163	0.160	0.163
广东	0.104	0.112	0.116	0.120	0.121	0.130	0.131	0.126
海南	0.110	0.112	0.120	0.107	0.108	0.108	0.112	0.109
东部平均	0.142	0.145	0.142	0.145	0.149	0.156	0.154	0.158
山西	0.132	0.133	0.139	0.139	0.137	0.140	0.143	0.156
吉林	0.135	0.139	0.127	0.126	0.138	0.148	0.140	0.144
黑龙江	0.091	0.104	0.099	0.110	0.119	0.135	0.134	0.129
安徽	0.135	0.141	0.140	0.145	0.137	0.149	0.148	0.151
江西	0.155	0.130	0.149	0.137	0.141	0.146	0.146	0.159
河南	0.130	0.137	0.134	0.136	0.145	0.152	0.152	0.157
湖北	0.146	0.156	0.151	0.153	0.154	0.174	0.170	0.172
湖南	0.119	0.133	0.107	0.114	0.117	0.135	0.124	0.126
中部平均	0.130	0.134	0.131	0.133	0.136	0.147	0.145	0.149
重庆	0.119	0.107	0.114	0.108	0.136	0.139	0.143	0.146
四川	0.106	0.109	0.116	0.117	0.115	0.119	0.128	0.136
贵州	0.097	0.105	0.123	0.144	0.146	0.147	0.149	0.151
云南	0.086	0.101	0.072	0.078	0.134	0.139	0.148	0.152
西藏	0.073	0.043	0.040	0.106	0.132	0.113	0.089	0.070
陕西	0.165	0.177	0.160	0.166	0.179	0.175	0.178	0.182
甘肃	0.123	0.136	0.137	0.144	0.146	0.150	0.156	0.162
青海	0.105	0.107	0.115	0.110	0.112	0.116	0.116	0.122
宁夏	0.110	0.139	0.134	0.148	0.142	0.141	0.144	0.141
新疆	0.084	0.088	0.087	0.083	0.059	0.09	0.091	0.091
内蒙古	0.113	0.080	0.117	0.126	0.129	0.148	0.146	0.149
广西	0.107	0.119	0.123	0.133	0.136	0.140	0.141	0.144
西部平均	0.107	0.109	0.112	0.122	0.131	0.135	0.136	0.137

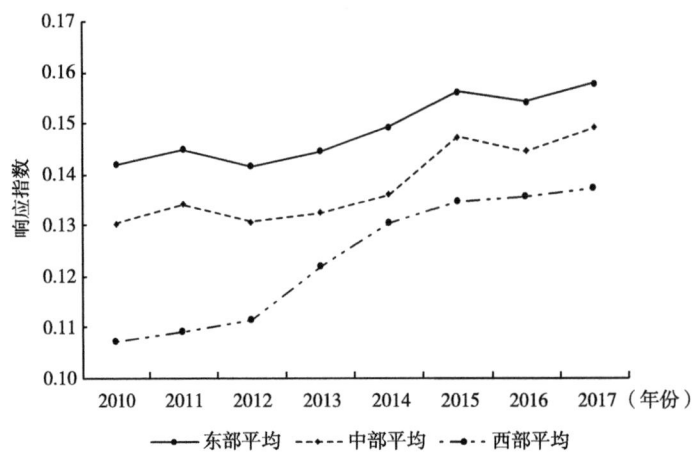

图4-5 2010—2017年我国东部、中部和西部响应指数

Fig. 4-5 Response index of China's eastern, central and western regions from 2010 to 2017

从响应系统看，2017年响应指数较高的省（自治区、直辖市）有北京、上海、陕西、浙江和辽宁，响应指数较低的是西藏、新疆、海南、青海和湖南。这主要是与水资源利用过程中利用方式、利用效率和保护能力相关。可能的原因是，响应指数较高的区域在高标准农田建设、灌溉节水方面表现突出，水资源利用效率较高，水土流失治愈能力也较强。而响应指数较低的省（自治区、直辖市）在防洪建设和水土流失治理方面表现不佳。相较于2010年，87.10%的省（自治区、直辖市）响应指数都有不同程度的提升，但上海、河北、海南和西藏忽略了在这一环节对水资源的有效利用及对水环境的有效保护。

从总体上看，我国有27个省（自治区、直辖市）（除河北、西藏、上海和海南外）2017年的响应指数大于2010年的响应指数。与2010年相比，2017年全国31个省（自治区、直辖市）的响应指数增长率取值范围在[-10%，76.7%]，平均增长率为19.4%。河北、西藏、上海和海南的响应指数增长率为负值，分别为-10%、-4.1%、-2.6%和-0.9%，其余27个省（自治区、直辖市）的增长率均大于零。其中，云南的响应指数增长率最大，为76.7%，贵州的响应指数增长率紧随其后，为55.7%；增长率较小的是江西、湖南、吉林、山东和新疆，增长率值均小于10%，其中江西的增长率最小，仅为2.6%。可以看出，我国水利绿色发展系统中的响应指数总体呈现上升趋势。

从表4-8和图4-5可以看出，东部、中部和西部三大区域的响应指数具体情况如下。

东部区域：2010—2017年，北京的响应指数虽有较小波动，但总体趋势表现为上升，且一直处于东部区域的较高水平。上海的响应指数在2011年出现较大降幅，但随后又缓慢上升。河北的响应指数先是缓慢上升，在2016年出现快速下降的趋势。海南、广东和江苏的响应指数的变化趋势较为平缓，且一直处于东部区域的较低水平。

中部区域：2010—2017年，湖北的响应指数呈现出缓慢上升的趋势，且一直处于中部区域的最高水平。黑龙江的响应指数虽然在稳步上升，但一直处于中部区域的最低水平；同样的，湖南的响应指数年际间波动较大，但同样处于较低水平。其余省份的响应指数虽然变化不明显，但从总体来看有缓慢上升的趋势。

西部区域：2010—2017年，陕西的响应指数均大于其余省份，且一直处于西部区域的最高水平。西藏的响应指数年际间变化最为明显，呈现出明显的下降—上升—再下降的趋势，且一直处于西部区域的较低水平。新疆的响应指数整体表现出平滑的趋势，但同样处于西部区域的较低水平。云南的响应指数上升趋势最为明显，其余省份的响应指数在波动中呈现上升趋势，但年际间的变化不大。

对比东部、中部和西部的响应指数，可以看出东部区域的响应指数总体较大，其值主要集中在0.10~0.18，中部区域的响应指数值主要集中在0.12~0.16，西部区域不同省份之间的响应指数值差异较大，但主要集中在0.10~0.14，因此西部区域的响应指数水平整体较低。

4.3.1.6 输出子系统综合发展指数

2010—2017年中国31个省（自治区、直辖市）的输出子系统综合发展指数（以下简称输出指数）的测算结果见表4-9，并根据表4-9进一步绘制了东部、中部和西部3个地区的输出指数图（图4-6），以更直观地展示2010—2017年三大区域输出指数的总体变化趋势。

从输出系统看，2017年输出指数较高的省份有北京、上海、陕西、浙江和辽宁，输出指数较低的省份有西藏、新疆、海南、青海和湖南。输出系统主要涉及水资源给人类生活带来安全、舒适性指标。输出指数较高省份的可能原因是地区水旱灾害控制能力较强，由水旱灾害带来的经济损失较弱；

由于基础设施的改进，农村地区饮水及城镇绿化所带来的安全舒适度更高。输出指数较低的省份由于经济水平相对较低，导致生产用水综合经济效率较低，另外，对水利的综合开发保护较弱，需要深入挖掘文化、旅游、生态等水利多功能性。

表4-9 2010—2017年中国31个省级行政区的输出指数

Table 4-9 Output index of China's 31 provincial-level administrative regions from 2010 to 2017

地区	2010年	2011年	2012年	2013年	2014年	2015年	2016年	2017年
北京	0.171	0.157	0.156	0.168	0.161	0.183	0.169	0.208
天津	0.138	0.152	0.138	0.159	0.163	0.169	0.169	0.180
河北	0.128	0.132	0.129	0.133	0.137	0.136	0.141	0.151
辽宁	0.097	0.103	0.109	0.113	0.090	0.100	0.111	0.119
上海	0.142	0.139	0.143	0.141	0.148	0.147	0.149	0.155
江苏	0.153	0.149	0.158	0.164	0.168	0.172	0.179	0.185
浙江	0.132	0.130	0.130	0.109	0.146	0.143	0.143	0.164
福建	0.107	0.127	0.132	0.134	0.145	0.146	0.142	0.167
山东	0.153	0.164	0.172	0.183	0.197	0.201	0.210	0.214
广东	0.112	0.116	0.120	0.113	0.119	0.122	0.130	0.148
海南	0.109	0.099	0.135	0.128	0.116	0.132	0.095	0.144
东部平均	0.131	0.133	0.138	0.140	0.145	0.150	0.149	0.167
山西	0.109	0.116	0.122	0.114	0.124	0.124	0.138	0.140
吉林	0.081	0.088	0.112	0.092	0.120	0.103	0.104	0.112
黑龙江	0.104	0.107	0.104	0.106	0.117	0.119	0.105	0.131
安徽	0.088	0.101	0.105	0.104	0.119	0.122	0.125	0.143
江西	0.086	0.102	0.108	0.106	0.117	0.121	0.118	0.141
河南	0.113	0.117	0.121	0.125	0.129	0.138	0.143	0.154
湖北	0.081	0.084	0.096	0.090	0.105	0.107	0.098	0.126
湖南	0.074	0.082	0.093	0.084	0.104	0.113	0.114	0.131
中部平均	0.092	0.100	0.108	0.103	0.117	0.118	0.118	0.135
重庆	0.092	0.090	0.106	0.110	0.120	0.13	0.134	0.156
四川	0.068	0.078	0.087	0.083	0.090	0.096	0.101	0.123
贵州	0.055	0.068	0.100	0.094	0.107	0.120	0.122	0.136

(续表)

地区	2010年	2011年	2012年	2013年	2014年	2015年	2016年	2017年
云南	0.083	0.101	0.110	0.114	0.120	0.120	0.126	0.140
西藏	0.048	0.062	0.083	0.063	0.116	0.120	0.109	0.120
陕西	0.101	0.117	0.128	0.126	0.133	0.137	0.143	0.156
甘肃	0.070	0.079	0.089	0.091	0.086	0.096	0.095	0.117
青海	0.100	0.080	0.102	0.100	0.102	0.095	0.111	0.101
宁夏	0.104	0.093	0.106	0.107	0.098	0.113	0.108	0.136
新疆	0.109	0.119	0.109	0.120	0.108	0.122	0.127	0.139
内蒙古	0.083	0.088	0.093	0.097	0.106	0.105	0.102	0.109
广西	0.075	0.084	0.099	0.100	0.099	0.105	0.110	0.123
西部平均	0.082	0.088	0.101	0.100	0.107	0.113	0.116	0.130

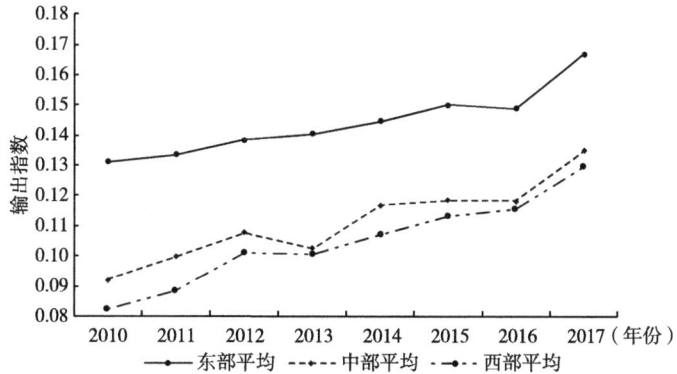

图4-6 2010—2017年我国东部、中部和西部输出指数

Fig. 4-6 Output index of China's eastern, central and western region from 2010 to 2017

从总体上看，我国31个省（自治区、直辖市）2017年的输出指数全部大于2010年的输出指数。与2010年相比，2017年全国31个省（自治区、直辖市）的输出指数增长率取值范围在[1%，150%]，平均增长率为48%。其中，西藏的输出指数增长率最大，为150%，贵州的输出指数增长率紧随其后，为147.3%；增长率较小的是青海和上海，增长率值均小于10%，其中青海的增长率最小，仅为10%。可以看出，我国水利绿色发展系统中的输出指数总体呈现上升趋势。

从表4-9和图4-6可以看出，东部、中部和西部三大区域的输出指数具体情况如下。

东部区域：2010—2017年，山东、北京和江苏的输出指数较大，在东部区域也都处于较高的水平，其中山东的输出指数呈现出明显、稳步上升的趋势，北京和江苏则是在波动中缓慢上升。辽宁、海南和广东的输出指数年际间波动较大，但一直处于东部区域的较低水平。其余省份的输出指数变化幅度较小，但都呈现出缓慢上升的趋势。

中部区域：2010—2017年，河南的输出指数呈现出稳步上升的趋势，且一直处于中部区域的最高水平。山西紧随其后，其输出指数在波动中上升，整体处于中部区域的较高水平。吉林的输出指数年际间波动最为明显，在2017年其输出指数值均小于其他省份。其余省份虽然也存在较小的波动，但整体趋势是上升的。

西部区域：2010—2017年，陕西的输出指数呈现出稳步上升的趋势，且处于西部区域的最高水平。重庆的输出指数上升趋势也较为明显，在2017年接近陕西的输出指数。西藏的输出指数年际间变化最为明显，同样地增幅也最为明显，在2010—2013年，西藏的输出指数均小于其余省份，但随后其快速上升，在2017年处于中等水平。四川的输出指数虽然缓慢上升，但一直处于较低水平。其余省份的输出指数均呈现出缓慢上升的趋势，均处于中等水平。

对比东部、中部和西部的输出指数，可以看出东部的输出指数较高，主要集中在0.10~0.18，中部区域的输出指数主要集中在0.07~0.14，西部区域的输出指数主要集中在0.08~0.15，这说明中部区域和西部区域的输出指数水平相当。

4.3.2 水利绿色发展分维度指数

水利绿色发展分维度指数是指水利绿色发展的"经济—社会—生态"维度的耦合协调度和"输入—响应—输出"维度的耦合协调度，用"4.3.1节"计算出的经济子系统综合指数、社会子系统综合指数、生态子系统综合指数、输入子系统综合指数、响应子系统综合指数，经式（4-10）和式（4-11）计算得来，分别用来衡量"经济—社会—生态"维度内部子系统和"输入—响应—输出"维度内部子系统的耦合关系是否协调最优。

4.3.2.1 "经济—社会—生态"维度耦合协调度

从"经济—社会—生态"维度来看（图4-7），2017年我国31个省（自治区、直辖市）的耦合协调度全部大于2010年的耦合协调度。与2010年相比，2017年全国31个省（自治区、直辖市）的耦合协调度增长率取值范围在[3%，34.9%]，平均增长率为14.7%。其中，西藏的耦合协调度增长率最大，为34.9%，西藏、云南和天津的耦合协调度增长率紧随其后，均大于25%；增长率较小的是河北、贵州、江苏和青海等地，其耦合协调度增长率值分别为3%、5.3%、5.4%和5.4%。可以看出，我国水利绿色发展的"经济—社会—生态"维度耦合协调度呈上升趋势。

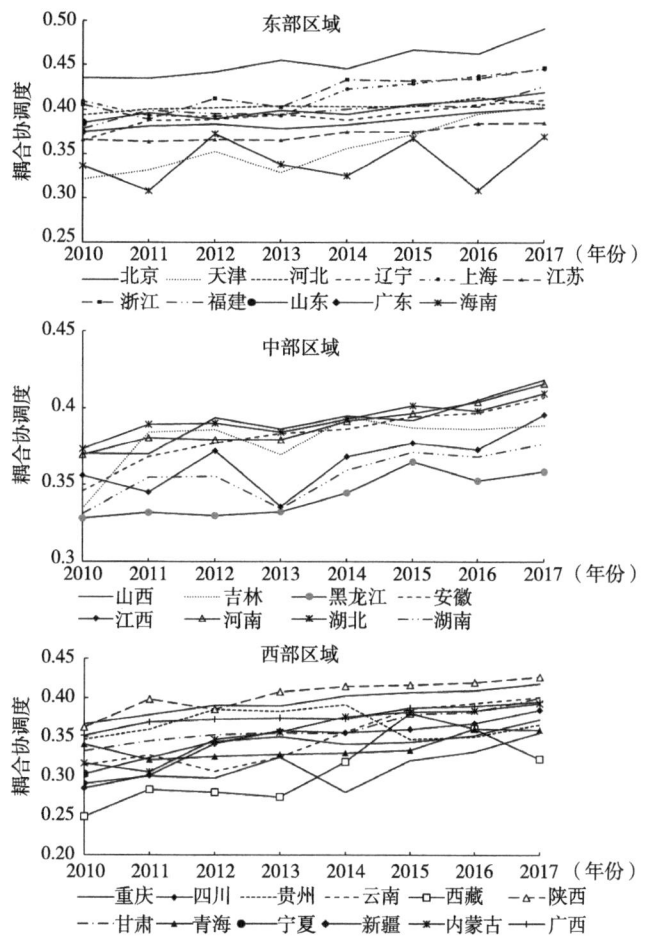

图4-7 2010—2017年我国东部、中部和西部水利绿色发展的"经济—社会—生态"维度耦合协调度

Figure 4-7 Coupling coordination degree of economic, social and ecological in Eastern, Central and Western China

从图4-7可以看出，东部、中部和西部三大区域的"经济—社会—生态"维度耦合协调度具体情况如下。

东部区域：2010—2017年，北京的"经济—社会—生态"维度耦合协调度呈现出总体上升趋势，且一直处于东部区域的最高水平。海南、天津和江苏的"经济—社会—生态"维度耦合协调度处于东部区域的较低水平，其余7个省份的"经济—社会—生态"维度耦合协调度处于中等水平。其中，海南的"经济—社会—生态"维度耦合协调度年际间波动最大，除2010年、2012年和2013年之外，一直处于东部区域的最低水平。天津、浙江和上海的"经济—社会—生态"维度耦合协调度在前期存在较小波动，但随后均出现明显的上升趋势，均达到东部区域的中等水平。其余省份的"经济—社会—生态"维度耦合协调度年际间差异较小，但总体呈现出上升趋势。

中部区域：2010—2017年，湖北、河南和山西的"经济—社会—生态"维度耦合协调度一直处于中部区域的最高水平，且都呈现出总体上升的趋势。黑龙江的"经济—社会—生态"维度耦合协调度虽然表现出上升的趋势，但一直处于中部区域的最低水平。湖南和江西的"经济—社会—生态"维度耦合协调度的年际间变化特征一致，均出现较大波段，但在后期均呈现出明显的上升趋势。吉林的"经济—社会—生态"维度耦合协调度在前期也存在较大的年际间波动，但后期趋于平缓。安徽的"经济—社会—生态"维度耦合协调度呈现出稳步上升的趋势，且在后期达到了中部区域的较高水平。

西部区域：2010—2017年，陕西和重庆的"经济—社会—生态"维度的耦合协调度都呈现出上升的趋势，且一直处于西部区域的最高水平。2013年之前，西藏的"经济—社会—生态"维度耦合协调度处于西部区域的最低水平，但随后出现快速上升，在2015年之后又出现快速下降，在2017年又成为西部区域的最低水平。新疆的"经济—社会—生态"维度耦合协调度的年际间差异也较大，虽然在后期出现缓慢的上升趋势，但一直处于较低水平。云南的"经济—社会—生态"维度耦合协调度在2012年后出现快速上升，随后又趋于平缓。贵州的"经济—社会—生态"维度耦合协调度在后期则出现了明显的下降趋势。其余省份的"经济—社会—生态"维度耦合协调度虽然存在较大波动，但总体趋势是上升的。

对比东部、中部和西部区域的"经济—社会—生态"维度耦合协调度，可以看出东部区域的"经济—社会—生态"维度耦合协调度主要集中在0.36~0.42，中部区域主要集中在0.34~0.40，西部区域主要集中在0.30~0.38，这表明东部区域的"经济—社会—生态"维度耦合协调度最高，中部区域次之，西部区域最低。

4.3.2.2 "输入—响应—输出"维度耦合协调度

从"输入—响应—输出"维度来看（图4-8），2017年我国31个省（自治区、直辖市）（除青海省）的耦合协调度均大于2010年的耦合协调度。与2010年相比，2017年全国31个省（自治区、直辖市）的耦合协调度增长率取值范围在[-0.8%，78.7%]，平均增长率为14.7%。只有青海的耦合协调度增长率是负值，为-0.8%，其余30个省（自治区、直辖市）的耦合协调度增长率均大于零。其中，贵州的耦合协调度增长率远大于其余省份，增长率值为78.7%，云南、广西和四川的耦合协调度增长率紧随其后，分别为39.9%、31.3%和30.3%；增长率较小的是上海、河北、新疆、海南、江苏和北京，其耦合协调度增长率值都小于10%。可以看出，我国水利绿色发展的"输入—响应—输出"维度耦合协调度呈现上升趋势。

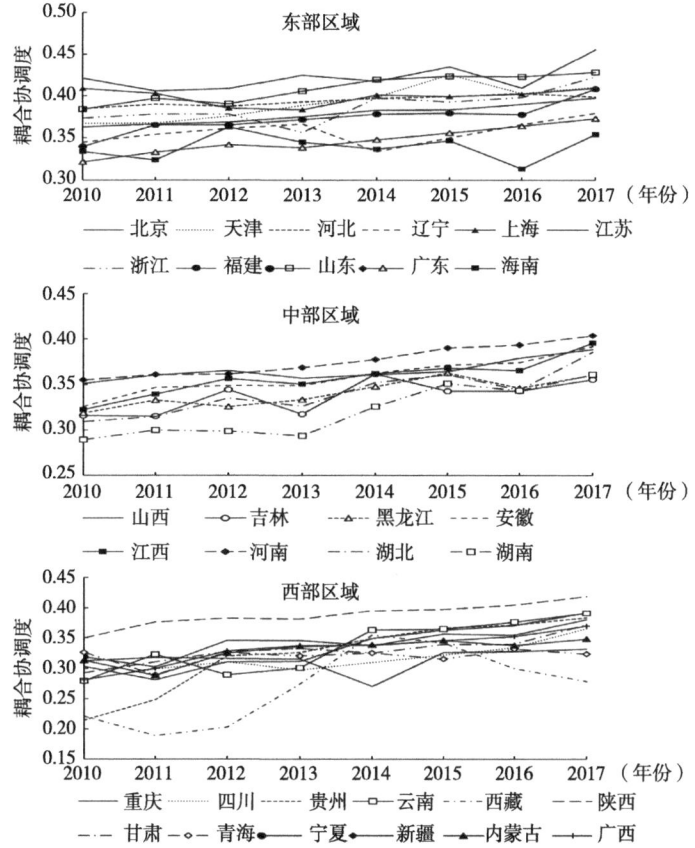

图4-8 2010—2017年我国东部、中部和西部水利绿色发展的
"输入—响应—输出"维度耦合协调度

Figure 4-8 Coupling coordination degree of input, response and output in Eastern, Central and Western China

从图4-8可以看出，东部、中部和西部三大区域的"输入—响应—输出"维度耦合协调度具体情况如下。

东部区域：2010—2017年，北京的"输入—响应—输出"维度耦合协调度前期年际间变化不明显，在2016年后出现快速上升趋势，总体上处于东部区域的最高水平。山东的"输入—响应—输出"维度耦合协调度也处于东部区域的较高水平，且呈现出稳步上升的趋势。天津的"输入—响应—输出"维度耦合协调度的上升趋势也较为明显，且在后期达到了东部区域的较高水平。海南的"输入—响应—输出"维度耦合协调度年际间波动最大，但一直处于东部区域的较低水平。广东的"输入—响应—输出"维度耦合协调度虽然表现出稳步上升的趋势，但也一直处于较低水平。辽宁的"输入—响应—输出"维度耦合协调度变化特征是先缓慢上升，随后快速下降，最后又上升。浙江的"输入—响应—输出"维度耦合协调度的年际间差异也较大，但总体变化趋势是上升的。其余省份的"输入—响应—输出"维度耦合协调度在2010—2017年变化幅度较小，总体趋势也是上升的。

中部区域：2010—2017年，河南的"输入—响应—输出"维度耦合协调度呈现出稳步上升的趋势，且一直处于中部区域的最高水平。2010—2014年，湖南的"输入—响应—输出"维度耦合协调度远低于中部区域的其他省份，即使随后出现快速上升的趋势，仍然处于中部区域的较低水平。吉林和湖北的"输入—响应—输出"维度耦合协调度年际间波动最大，但总体趋势是上升的。其余省份的"输入—响应—输出"维度耦合协调度在研究期间的变化幅度均不明显，但也呈现出总体上升的趋势。

西部区域：2010—2017年，陕西的"输入—响应—输出"维度耦合协调度一直在稳步上升，且远大于其他省份，一直处于西部区域的最高水平。西藏的"输入—响应—输出"维度耦合协调度在2011年达到最低点，随后出现快速增长，在2014年达到峰值，之后又快速下降，再次成为西部区域的最低水平。贵州的"输入—响应—输出"维度耦合协调度在前期呈现出快速的上升趋势，2012年之后上升趋势平缓，但总体而言，上升趋势明显，幅度较大。其余省份的"输入—响应—输出"维度耦合协调度年际间波动相对较小，但都呈现出缓慢上升的趋势。

对比东部、中部和西部区域的"输入—响应—输出"维度耦合协调度，可以看出东部区域的"输入—响应—输出"维度耦合协调度主要集中在

0.35~0.42，中部区域的"输入—响应—输出"维度耦合协调度主要集中在0.32~0.38，而西部区域的"输入—响应—输出"维度耦合协调度主要集中在0.28~0.35，这表明东部区域的"输入—响应—输出"维度耦合协调度最高，而西部区域的"输入—响应—输出"维度耦合协调度最低。

4.3.3 水利绿色发展水平

水利绿色发展指数是将"经济—社会—生态"耦合协调度和"输入—响应—输出"耦合协调度按"式（4-14）"计算得出，用来表征地区水利绿色发展水平。

用中国31省（自治区、直辖市）水利绿色发展指数的平均值来表征全国水利绿色发展水平，其变化趋势见图4-9。

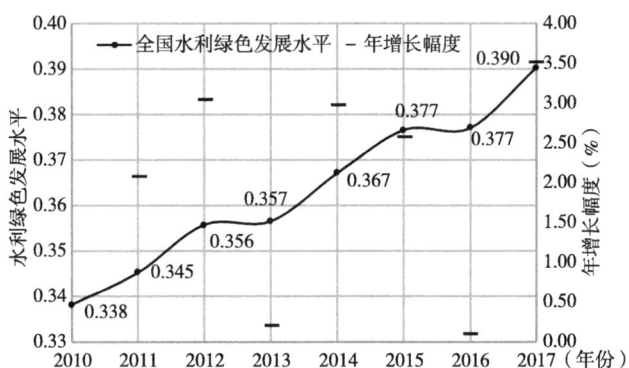

图4-9 中国水利绿色发展水平及年增长幅度变化趋势

Figure 4-9 The trend of water conservancy green development level and its annual growth rate in China

结果显示，2010—2017年中国水利绿色发展水平呈现逐年上升的趋势，2010年水利绿色发展指数为0.338，2017年上升至0.390，增长了15.45%。从增长率看，2017年的增长幅度最大，达3.52%，2016年增长幅度最小，仅为0.10%。增长率呈现周期性，每隔两年出现一次增长低谷，说明中国水利绿色发展水平提升的增长率尚不稳定，需注重各方面的综合协调，尤其是在低谷年，需要注意在"经济—社会—生态"维度和"输入—响应—输出"维度施加外在驱动力，如提升绿色技术水平、加强绿色发展理念的教育宣传等。

从省（市）层面看（表4-10），我国31个省（自治区、直辖市）的水利绿色发展水平呈现逐年上升的趋势，年平均增长16.12%，但不同省（自治区、直辖市）之间的水利绿色发展水平发展趋势有所不同。与2010年相比，2017年全国31个省（自治区、直辖市）的水利绿色发展指数增长率取值范围在[2.4%，33.4%]。其中，贵州省的水利绿色发展总指数增长率最大，增长率值为33.4%，云南和四川的增长率紧随其后，分别为33.3%和32.6%；增长率较小的是青海、河北、上海、江苏和海南，其水利绿色发展水平的增长率值都小于10%。从长时间序列看，2010—2017年，江苏、安徽、四川3个省份的水利绿色发展水平一直在稳步上升，不存在波动情况。河北、青海和西藏的水利绿色发展水平虽然在缓慢上升，但2017年却较2016年略有下降。其余25个省（自治区、直辖市）的水利绿色发展水平均呈现波动中缓慢增长的态势。

表4-10 2010—2017年中国31个省级行政区的水利绿色发展指数

Table 4-10 Water green development index of China's 31 provincial-level administrative regions from 2010 to 2017

地区	2010年	2011年	2012年	2013年	2014年	2015年	2016年	2017年	变化趋势
北京	0.428	0.421	0.425	0.440	0.432	0.451	0.436	0.473	
天津	0.344	0.350	0.364	0.359	0.378	0.399	0.399	0.407	
河北	0.389	0.395	0.395	0.398	0.400	0.402	0.408	0.402	
山西	0.361	0.365	0.379	0.372	0.378	0.378	0.392	0.403	
内蒙古	0.315	0.298	0.336	0.346	0.357	0.364	0.361	0.371	
辽宁	0.355	0.371	0.375	0.381	0.361	0.374	0.386	0.395	
吉林	0.325	0.350	0.365	0.343	0.378	0.365	0.364	0.372	
黑龙江	0.324	0.333	0.328	0.333	0.346	0.364	0.349	0.360	
上海	0.409	0.398	0.389	0.388	0.412	0.414	0.420	0.428	
江苏	0.364	0.365	0.368	0.370	0.379	0.379	0.387	0.392	
浙江	0.390	0.384	0.395	0.380	0.416	0.412	0.417	0.435	
安徽	0.336	0.357	0.363	0.366	0.375	0.383	0.386	0.399	
福建	0.359	0.382	0.381	0.383	0.389	0.392	0.391	0.417	

（续表）

地区	2010年	2011年	2012年	2013年	2014年	2015年	2016年	2017年	变化趋势
江西	0.339	0.342	0.364	0.343	0.365	0.373	0.369	0.395	
山东	0.385	0.397	0.390	0.403	0.407	0.415	0.417	0.424	
河南	0.362	0.371	0.370	0.374	0.384	0.393	0.399	0.410	
湖北	0.341	0.352	0.363	0.355	0.372	0.381	0.371	0.397	
湖南	0.310	0.327	0.327	0.314	0.342	0.361	0.356	0.369	
广东	0.348	0.357	0.363	0.358	0.365	0.373	0.381	0.388	
广西	0.317	0.335	0.351	0.356	0.356	0.367	0.371	0.382	
海南	0.335	0.316	0.368	0.342	0.331	0.357	0.311	0.362	
重庆	0.335	0.330	0.351	0.351	0.376	0.385	0.390	0.405	
四川	0.283	0.300	0.326	0.328	0.333	0.341	0.351	0.375	
贵州	0.281	0.304	0.353	0.354	0.370	0.357	0.361	0.375	
云南	0.297	0.325	0.298	0.313	0.360	0.376	0.385	0.396	
西藏	0.235	0.237	0.241	0.274	0.337	0.361	0.330	0.300	
陕西	0.356	0.387	0.384	0.394	0.405	0.407	0.412	0.423	
甘肃	0.312	0.328	0.340	0.344	0.340	0.359	0.361	0.386	
青海	0.334	0.306	0.326	0.324	0.327	0.324	0.346	0.342	
宁夏	0.311	0.313	0.345	0.348	0.339	0.350	0.353	0.376	
新疆	0.302	0.309	0.307	0.320	0.275	0.323	0.330	0.344	

对比分析东部、中部和西部省份的水利绿色发展指数具体情况如下。

东部区域：2010—2017年，北京的水利绿色发展指数优势明显，一直处于东部区域的最高水平，且在较小波动中上升趋势明显，2017年水利绿色发展指数上升至0.14，相较于2010年增长了10.52%。而海南的水利绿色发展指数一直处于东部区域的最低水平，2017年水利绿色发展水平为0.36，且年际间波动最为明显,其余省份的水利绿色发展总指数相对处于东部区域的中等水平,且都呈现出稳步上升的趋势。

中部区域:2010—2017年,山西和安徽的水利绿色发展总指数一直处于中部区域的最高水平,在2017年的水利绿色发展总指数分别为0.403和0.410,且总体都呈现出缓慢的上升趋势,相较于2010年分别增长了11.63%和13.26%。湖南和黑龙江的水利绿色发展总指数都呈现出明显的上升趋势(相较于2010年分别增长了19.03%和11.11%),但一直处于中部区域的最低水平,在2017年的水利绿色发展总指数分别为0.369和0.360。江西的水利绿色发展总指数年际间波动最为明显,但总体趋势是上升的,相较于2010年增长了16.52%。吉林和湖北的水利绿色发展总指数总体上也在缓慢上升,但变化幅度较小。

西部区域:2010—2017年,陕西的水利绿色发展总指数明显大于其余省份,一直处于西部区域的最高水平,2017年水利绿色发展指数上升至0.423,且呈现出明显上升的趋势,相较于2010年增长了18.82%。西藏的水利绿色发展总指数水平最低,且年际间波动最明显,2010—2012年缓慢增长,随后出现快速增长,在2015年达到峰值,之后又快速下降,再次成为西部区域的最低水平,2017年水利绿色发展指数下降至0.300。新疆的水利绿色发展总指数水平也较低,虽然在2014年出现较大降幅,但总体趋势是缓慢上升的,相较于2010年增长了13.91%。重庆和云南的水利绿色发展总指数上升趋势也明显,相较于2010年分别增长了20.90%和33.33%,其余省份的水利绿色发展总指数年际间波动较小,但也呈现出缓慢上升的趋势。

对比东部、中部和西部区域的水利绿色发展总指数,可以看出东部区域(除海南外)的水利绿色发展总指数集中在0.35~0.45,中部区域的水利绿色发展总指数集中在0.33~0.40,西部区域(除西藏外)的水利绿色发展总指数主要集中在0.28~0.38,说明东部区域的水利绿色发展总指数最高,其次是中部区域,而西部区域的水利绿色发展总指数水平最低。

采用东、中、西部地区各省份水利绿色发展指数平均值来表征区域水利绿色发展水平。结果显示(表4-11),样本期内三大区域的水利绿色发展水平也呈现出不同程度的提升。其中,西部地区的增长幅度最大,从2010年的0.31增长至2017年的0.37,增长了21.63%;其次是中部地区,2017年水利绿色发展水平上升至0.39,较2010年的0.34增长了15.11%;增长幅度最慢的是东部地区，仅为10.13%，但这一区域一直处在排名首位，2017年水利绿色发展水平上升至0.41。

表4-11 2010—2017年中国分区域水利绿色发展指数
Table 4-11 2010—2017 China sub-regional water conservancy green development index score

地区	2010年	2011年	2012年	2013年	2014年	2015年	2016年	2017年	均值	增长幅度（%）	排名
东部	0.373	0.376	0.383	0.382	0.388	0.397	0.396	0.411	0.388	10.13	1
中部	0.337	0.350	0.357	0.350	0.368	0.375	0.373	0.388	0.362	15.11	2
西部	0.307	0.314	0.330	0.338	0.348	0.360	0.363	0.373	0.341	21.63	3
黄河流域	0.375	0.384	0.387	0.391	0.398	0.406	0.409	0.420	0.396	12.07	1
长江流域	0.356	0.361	0.367	0.360	0.380	0.386	0.387	0.402	0.375	13.07	2
南部沿海	0.340	0.348	0.366	0.360	0.360	0.372	0.364	0.387	0.362	13.99	3
东北地区	0.335	0.351	0.356	0.352	0.361	0.367	0.367	0.376	0.358	12.23	4
西南地区	0.299	0.315	0.332	0.336	0.360	0.365	0.372	0.388	0.346	29.67	5
西北地区	0.302	0.298	0.316	0.326	0.329	0.347	0.347	0.353	0.327	17.10	6

为了进一步细化不同区域水利绿色发展水平的差异，本节参照杨骞等（2017）的划分标准，将中国31省（自治区、直辖市）分成六大区域。六大区域包括：东北地区（辽宁、吉林、黑龙江），黄河流域（北京、天津、河北、山西、山东、河南、陕西），长江流域（上海、江苏、浙江、安徽、江西、湖北、湖南），南部沿海（福建、广东、海南、广西），西南地区（重庆、四川、贵州、云南），西北地区（内蒙古、西藏、甘肃、青海、宁夏、新疆）。

从六大区域的水利绿色发展水平来看（表4-11），样本考察期内六大区域的水利绿色发展水平均呈现上升趋势。其中，西南地区水利绿色发展水平由2010年的0.30增长到2017年的0.39，增长幅度最大（29.67%）；其次是西北部，增长了17.10%，南部沿海（13.99%）、长江流域（13.07%）、东北地区（12.23%）和黄河流域（12.07%）的增长幅度相对较小。从均值排名看，黄河流域（0.40）和长江流域（0.37）最高，其次是南部沿海（0.36）和东北地区（0.36），西北地区最低（0.33）。

4.4　本章小结

本章从定量化角度出发，探索用数字语言直观呈现水利绿色发展水平，主要得到以下结论。

（1）基于水利绿色发展的"五化"核心内涵和双维度关联关系，提炼了能表征"经济—社会—生态"维度和"输入—响应—输出"维度信息及其关联关系的17项综合指标，搭建了水利绿色发展双维度关联指标评价矩阵。

（2）借鉴耦合协调度模型，结合水利绿色发展的双维度关联特性，构建了水利绿色发展定量测算模型，用以测度水利绿色发展指数，来表征区域水利绿色发展水平。2010—2017年中国水利绿色发展水平呈现逐年上升的趋势，2010年水利绿色发展指数为0.338，2017年上升至0.390，增长了15.45%。

（3）明晰了2010—2017年中国水利绿色发展水平的变化趋势。2010—2017年，中国31个省（自治区、直辖市）的水利绿色发展水平总体呈现上升的趋势，平均增长率为16.1%，约有9.68%的省（自治区、直辖市）水利绿色发展水平逐年递增。2017年全国31个省（自治区、直辖市）的水利绿色发展总指数变化范围在[0.3, 0.473]，极差为0.173，有17个省（自治区、直辖市）高于全国平均水平，其中排名前3位的分别是北京、浙江和上海。

（4）样本期内中国三大区域的水利绿色发展水平也呈现出不同程度的提升。西部地区的增长幅度最大，增长了21.63%；其次是中部地区，增长了15.11%；增长幅度最小的是东部地区，仅为10.13%。东部地区水利绿色发展水平一直处在三大区域的首位，2010—2017年水利绿色发展水平平均值为0.388，其后是中部地区，为0.362，西部地区最低，为0.341。

（5）样本考察期内六大区域的水利绿色发展水平均呈现上升趋势。从均值排名看，黄河流域（0.40）和长江流域（0.37）最高，其次是南部沿海（0.36）和东北地区（0.36），西北地区最低（0.33）。

5 中国水利绿色发展时空格局演变

我国地域广阔，水资源时空分布不均，社会经济发展差异大。这必然会导致区域之间水资源开发利用、水环境状况、水文化建设等存在差异，很显然，带来值得思考的问题：区域水利绿色发展水平是否存在差异？不同区域内障碍因子又是否相同？为解答这两个问题，本章从省域层面对其水利绿色发展水平进行测度，分析各省（自治区、直辖市）水利绿色发展的空间特征，并引入冷热点分析方法对其空间异质性进行分析。最后对各省（自治区、直辖市）水利绿色发展的准则层和指标层主控障碍因子进行了详细分析。

5.1 水利绿色发展水平空间分布演变

5.1.1 双维度空间分布格局

5.1.1.1 "经济—社会—生态"维度

运用ARCGIS软件，运用自然断点法将2017年经济系统、社会系统和生态系统的耦合协调度分成5个等级。其中，优等等级地区有北京、上海和浙江；良好等级地区主要集中在中部地区，主要位于山东、山西、河南、陕西、重庆和福建等地区。中等等级地区分布较广，主要位于河北、内蒙古、辽宁、安徽、湖北、江西、广东、广西、云南、甘肃等地区；一般等级地区分布较为分散，主要是宁夏、江苏、湖南、四川、贵州、海南和吉林等地区；"经济—社会—生态"耦合协调度较弱的主要有黑龙江、新疆、青海、西藏等地区。

5.1.1.2 "输入—响应—输出"维度

运用ARCGIS软件，运用自然断点法将2017年输入系统、响应系统和输出系统的耦合协调度也分成5个等级。从"输入—响应—输出"维度看，2017年三者之间的耦合协调度整体呈现东部优良、西部较差态势。其中，优等等级地区主要是北京；良好等级地区主要是山东、河南、陕西、浙江和福建等地；中等等级地区主要是辽宁、河北、山西、宁夏、江苏、安徽、湖北、江西、重庆、贵州和云南等地；一般等级涉及黑龙江、吉林、内蒙古、甘肃、四川、湖南、广东、广西和海南等地；"输入—响应—输出"系统间耦合协调较弱等级地区主要位于青海、新疆、西藏等地。

5.1.2 水利绿色发展指数空间分布特征

从省级层面看，以水利绿色发展水平均值及标准差作为依据（表5-1）（任嘉敏等，2018），对2010—2017年中国31省（自治区、直辖市）绿色发展水平进行等级划分。

表5-1 水利绿色发展水平分类标准

Table 5-1 Classification standard of water conservancy green development level

划分标准	划分等级
$M + Std < Z < 1$	高水平
$M < Z < M + Std$	中高水平
$M - Std < Z < M$	较低水平
$0 < Z < M - Std$	低水平

划分结果显示（表5-2），2017年中国水利绿色发展高水平区已有11个，而这一数量在2010年仅2个；中高水平区从4个增加到15个，说明中国近84%的省份的水利绿色发展水平已进入较高水平。低水平区从12个减少到1个，较低水平区从13个减少到4个，可见中国水利绿色发展取得了相当大的进步。从提升速度上看，西藏、云南、贵州、四川和重庆上升速度较快。从变化趋势上看，约有80.65%的省（自治区、直辖市）在2017年达到最高值，但河北、吉林、黑龙江、海南、西藏和青海6省（自治区）水利绿色发展水平呈现波

动，在达到最高点之后有下降趋势。这说明在生态文明建设背景下，需不断加大水利要素投入，提高管理水平，加强水利的社会、经济作用，提高水利生态服务能力。中国大部分省（自治区、直辖市）在社会经济活动中日渐重视水资源开发、利用、管理、保护等环节的人水和谐，水利绿色发展水平整体提升。

从水利绿色发展指数等级划分结果看，北京、河北、上海、江苏、山东等地始终处于中高以上水平区，高水平和中高水平区集中在东中部，高水平区呈现被中高水平区包围态势。海南、西藏、青海、新疆等地一直处于低水平或较低水平区。分年度看，2010年，北京和上海为水利绿色发展的两个高水平核心区，到2017年逐渐扩散为京津冀鲁豫晋陕和闽浙沪为中心的两个核心片区。

表5-2 2010—2017年中国31个省级行政区的水利绿色发展指数等级划分

Table 5-2 Classfication of water green development index of China's 31 Provinces-level administrative regions from 2010 to 2017

地区	2010年	2011年	2012年	2013年	2014年	2015年	2016年	2017年
北京	高	高	高	高	高	高	高	高
天津	较低	较低	中高	较低	中高	中高	中高	高
河北	中高	中高	中高	中高	中高	高	中高	高
山西	较低	中高	中高	中高	中高	中高	中高	高
内蒙古	低	低	较低	较低	较低	中高	较低	中高
辽宁	较低	中高	中高	中高	中高	中高	中高	中高
吉林	低	较低	中高	中高	中高	中高	中高	中高
黑龙江	低	较低	较低	较低	较低	中高	较低	较低
上海	高	中高	中高	中高	高	高	高	高
江苏	中高	中高	中高	中高	中高	中高	中高	中高
浙江	中高	中高	中高	中高	高	高	高	高
安徽	较低	较低	较低	较低	中高	中高	中高	中高
福建	较低	中高	中高	中高	中高	中高	中高	中高
江西	较低	较低	较低	较低	中高	中高	中高	中高
山东	中高	中高	中高	高	高	高	高	高
河南	较低	中高	中高	中高	中高	中高	中高	高

(续表)

地区	2010年	2011年	2012年	2013年	2014年	2015年	2016年	2017年
湖北	较低	较低	较低	较低	中高	中高	中高	中高
湖南	低	较低	较低	低	较低	较低	较低	中高
广东	较低	较低	较低	较低	中高	中高	中高	中高
广西	低	较低	较低	较低	较低	中高	中高	中高
海南	较低	低	中高	较低	较低	较低	低	较低
重庆	较低	较低	较低	较低	中高	中高	中高	高
四川	低	低	低	较低	较低	较低	较低	中高
贵州	低	低	较低	较低	中高	较低	中高	中高
云南	低	低	低	低	较低	中高	中高	中高
西藏	低	低	低	低	较低	较低	较低	低
陕西	较低	中高	中高	中高	高	高	高	高
甘肃	低	较低	较低	较低	较低	较低	较低	较低
青海	较低	低	低	低	较低	低	较低	较低
宁夏	低	低	较低	较低	较低	较低	较低	中高
新疆	低	低	低	低	低	低	较低	较低

5.2 水利绿色发展水平总体空间异质演变

5.2.1 研究方法

5.2.1.1 空间自相关方法

全局空间自相关（Global spatial autocorrelation），描述研究对象的属性特征，这里指水利绿色发展水平在空间范围内的表现状态，可以判断区域水利绿色发展水平的空间相关程度（栗欣如，2017）。本研究用全局莫兰指数（Global Moran's I）来衡量，见式（5-1）。

$$I = \frac{\sum_{i=1}^{n}\sum_{j=1}^{n}W_{ij}(a_i-\bar{a})(a_j-\bar{a})}{S^2\sum_{i=1}^{n}\sum_{j=1}^{n}W_{ij}} \tag{5-1}$$

式中，n 表示研究对象的总数；a_i 和 a_j 分别表示 i 和 j 地区的水利绿色发展水平；$\bar{a}$ 代表所有属性值的平均值；W_{ij} 代表空间权重值。Moran's I 的值在 $-1\sim1$，把 I 值和 0 做比较，其结果分别代表 3 种不同的空间集聚形态：当 $I<0$ 时，代表水利绿色发展水平在全域空间内是负相关；相反，当 $I>0$ 时，代表水利绿色发展水平在全局范围内表现为正相关；而 $I=0$ 则表示地区水利绿色发展水平不存在空间相关性，呈随机分布状态。通常用 P 值和 Z 得分对计算出的全局 Moran's I 进行检验，见式（5-2）。

$$Z = \frac{1-E(I)}{\sqrt{\operatorname{Var}(I)}} \qquad (5-2)$$

式中，$E(I) = \dfrac{1}{1-n}$，表示数学期望，$\operatorname{Var}(I)$ 为变异系数。Z 得分（标准差）<-1.65 或 $>+1.65$ 时，P 值（概率）<0.10，表示在置信度 90% 下可信；Z 得分（标准差）<-1.96 或 $>+1.96$ 时，P 值（概率）<0.05，表示在置信度 95% 下可信；Z 得分（标准差）<-2.58 或 $>+2.58$ 时，P 值（概率）<0.01，表示在置信度 99% 下可信。

5.2.1.2 空间热点探测分析

空间热点探测分析（Getis-Ord G_i^*）用来检验在局部地区是否存在统计上的集聚，具体分为低—低值集聚和高—高值集聚两种。当全局 Getis-Ord G_i^* 的观察值大于数学期望，并且有统计学意义时，提示存在"热点区"，即该要素在空间分布上呈现出高—高组合；小于数学期望，并且有统计学意义时，提示存在"冷点区"，即该要素在空间分布上呈现出低—低组合，进而用可视化的方法揭示要素空间分布的集聚特征（王录仓等，2014）。计算公式见式（5-3）。

$$G_i^*(d) = \frac{\sum_{j=1}^{n} w_{ij}(d) x_j}{\sum_{j=1}^{n} x_j} \qquad (5-3)$$

对 $G_i^*(d)$ 进行标准化处理后，可以转化为式（5-4）。

$$Z\left[G_i^*(d)\right] = \frac{G_i^*(d) - E\left[G_i^*(d)\right]}{\sqrt{\operatorname{Var}\left[G_i^*(d)\right]}} \quad (5-4)$$

式中，$E\left[G_i^*(d)\right]$ 为统计量期望值；$\operatorname{Var}\left[G_i^*(d)\right]$ 为方差值；Z值呈正显著时，i区域属于热点区域；Z值呈负显著时，i区域属于冷点区（韩增林等，2008）；w_{ij} 为空间权重矩阵，这里采用一阶邻接权重矩阵。

5.2.2 总体空间异质性

水利绿色发展水平的核密度分布图（图5-1）可以反映中国水利绿色发展方面的空间演变特征规律。可以看出，随着时间的推移，整条密度曲线由左向右移动，意味着水利绿色发展水平不断提高；核密度分布曲线由宽峰形向尖峰形变化，其中2015年水利绿色发展水平具有较明显的尖峰特征，水利绿色发展水平分布呈现由分散向集中转变的趋势，表明我国区域水利绿色发展水平差距不断缩小，区域之间水利绿色发展水平不平等程度减弱。测度结果也揭示了水利绿色发展的内涵，并不是水资源越富足的区域水利绿色发展水平越高，水资源越贫瘠的区域水利绿色发展水平越低。显然，区域水利绿色发展以区域经济社会发展为背景，以区域水生态环境为补充，以水文化和人的主观能动性为依托，形成了中国水利绿色发展格局。

借助探索性时空数据分析方法，从时空演化视角，对2010—2017年中国各省（自治区、直辖市）水利绿色发展水平格局演化过程进行分析。通过Arcgis10软件，采用反距离权重计算2010—2017年中国水利绿色发展的全局莫兰指数，来考查水利绿色发展的空间集聚特征。结果显示（图5-2），全局莫兰指数在0.463~0.499波动，计算结果均通过1%以下的显著性水平检验。表明，研究期内中国水利绿色发展水平空间分布存在较强的正相关性，空间集聚特征明显，即呈现"水利绿色发展水平较高的省（自治区、直辖市）相邻，水利绿色发展水平较低的省（自治区、直辖市）相邻"的空间分布模式。全局莫兰指数整体呈现上升趋势，这表明中国各省（自治区、直辖市）水利绿色发展的空间趋同性不断减弱，空间异质性程度不断增强。

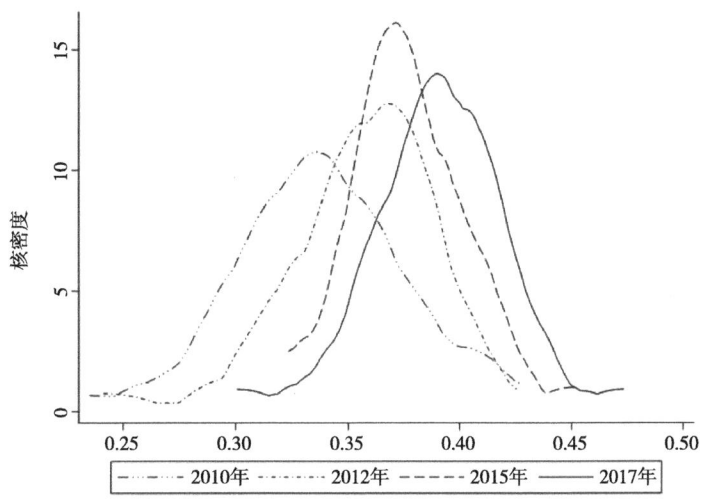

图5-1 中国水利绿色发展水平核密度

Figure 5-1 Nuclear density map of China's water conservancy green development level

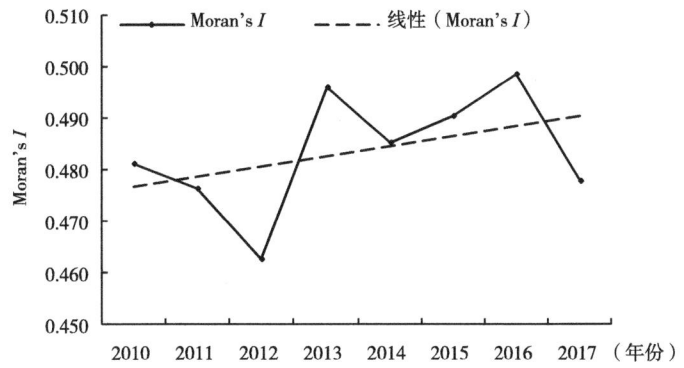

图5-2 中国水利绿色发展水平全局莫兰指数变化

Figure 5-2 The Global Moran's *I* change of water green development level in China

5.2.3 空间热点演变特征

运用ArcGIS 10的热点分析工具,进行局部空间自相关分析,根据G_i^*指数划分为5个等级热点区(95%置信度)、次热点区(90%置信度)、一般区域、次冷点区(95%置信度)、冷点区(90%置信度)(表5-3)。结果显示,中国31省(自治区、直辖市)水利绿色发展水平差异在地理空间上总体表现为东部地区高于西部地区,中部高于南北部。

表5-3　中国水利绿色发展冷热点演变

Table 5-3　Evolution of cold hot spots of water green development in China

年份	热点	次热点	次冷点	冷点
2010	北京、天津、河北、山西、辽宁、上海、江苏、浙江、安徽、山东、河南、湖北	内蒙古、吉林	广西、海南、重庆	四川、云南、西藏、青海、新疆
2011	北京、天津、河北、山西、上海、江苏、浙江、安徽、山东、河南、湖北	内蒙古、辽宁、福建、江西	云南	西藏、青海、新疆
2012	北京、天津、河北、山西、内蒙古、上海、江苏、安徽、山东、河南、湖北	辽宁、浙江、江西		西藏、青海、新疆
2013	北京、天津、河北、山西、内蒙古、辽宁、上海、江苏、安徽、山东、河南、湖北	吉林		西藏、青海、新疆
2014	北京、天津、河北、山西、上海、江苏、浙江、安徽、江西、山东、河南、湖北	内蒙古、辽宁		西藏、青海、新疆
2015	北京、天津、河北、山西、上海、江苏、安徽、江西、山东、河南、湖北	内蒙古、辽宁、吉林、浙江		西藏、青海、新疆
2016	北京、天津、河北、山西、内蒙古、上海、江苏、安徽、江西、山东、河南、湖北	辽宁、浙江	海南	西藏、青海、新疆
2017	北京、天津、河北、山西、上海、江苏、安徽、江西、山东、河南、湖北	内蒙古、浙江		西藏、青海、新疆

2010年水利绿色发展水平较高区域在中国中东部集聚，热点区集中在北京、天津、河北、山西、辽宁、上海、江苏、浙江、安徽、山东、河南和湖北，次热点区主要在内蒙古和吉林。2010年水利绿色发展低水平区域也在空间上发生聚类，冷点区在中国西部的新疆、西藏、青海、云南、四川，次冷点区在广西和海南。

2017年水利绿色发展热点区主要以北京、天津、河北、山西、江西、上海、江苏、安徽、山东、河南和湖北为主要核心，向次热点区内蒙古、浙江扩散；冷点区主要集中在新疆、青海和西藏。从数量上看，相较于2010年，2017年冷点区域明显紧缩，热点区也有减少趋势，热点区和次热点区总数减少了7.14%，冷点区和次冷点区减少了近57.14%。

2010—2017年中国水利绿色发展冷热点空间格局变化与中国生态文明建设、最严格水资源管理和绿色发展理念的深入密不可分。从区域类别变化趋势看，北京、天津、河北、山西、上海、江苏、安徽、山东、河南和湖北一直处于热点区，新疆、青海、西藏一直处于冷点区，说明中国水利绿色发展的空间相关性和集聚特征在一定程度上保持着一种稳定性，大部分省（自治区、直辖市）的水利绿色发展受邻域单元溢出效应的影响较小，自身因素对其水利绿色发展空间结构的改变影响较大。

5.3 中国水利绿色发展空间分异主控因子分析

5.3.1 主控因子识别方法

前两节的研究表明，中国水利绿色发展指数测算在时间发生了很大变化，在空间上也表现出差异。那么是哪些指标引起了区域差异？它们在不同区域的影响作用又是怎样的？本节借助障碍诊断模型，对区域水利绿色发展指标体系中的指标进行分析，找出限制水利绿色发展水平提升的指标，称之为主控因子。障碍诊断模型包含因子贡献度、障碍度、指标偏离度3个指标，这里用障碍度指标进行分析（鲁春阳等，2011；周晓飞等，2012；张锐等，2013；余亮亮等，2015；郝汉舟等，2017），其计算公式见式（5-5）、式（5-6）。

$$X_{ij} = \begin{cases} 1-X_{ij} & X_{ij} \leqslant 1 \\ 0 & X_{ij} > 1 \end{cases} \quad (5\text{-}5)$$

$$Z_{ij} = \frac{w_j X_{ij}}{\sum_{i=1}^{n} w_j X_{ij}} \times 100\% \quad (5\text{-}6)$$

式中，X_{ij}为第i年第j个指标标准化的值，表示指标偏离度（单因素指标估计值与100%的差值）；w_j为指标x_j的权重，表示因子贡献度（赵会顺等，2018）；Z_{ij}表示主控因子对水利绿色发展水平的限制程度，称为指标障碍度。采用式（5-5）和式（5-6）可以计算出全国指标层障碍度和因素层障碍度。

障碍度模型是用来识别水利绿色发展障碍因素主次关系的数学模型，是对水利绿色发展水平提升进行的病理性诊断，有利于根据主控因子调整水利活动的绿色行为，采取精准措施提升水利绿色发展水平，对实现水利的绿色发展具有重要意义。

5.3.2 子系统层主控因子

以2017年全国31个省份的数据为基础，利用障碍度模型对水利绿色发展空间分异的准则层主控因子进行识别，将前5位主控因子列出（表5-4），从频次上看，水利绿色发展水平空间差异的主控因子依次是输入系统、经济系统、社会系统、响应系统、输出系统和生态系统。

表5-4 区域水利绿色发展空间差异系统层主控因子

Table 5-4 Main system control factors of regional water conservancy green development

地区	主控1（障碍度%）	主控2（障碍度%）	主控3（障碍度%）	主控4（障碍度%）	主控5（障碍度%）
北京	S（53.05）	R（39.54）	EN（35.17）	I（34.40）	O（29.57）
天津	EL（41.82）	I（41.09）	R（35.88）	S（35.00）	O（26.50）
河北	I（43.84）	EN（38.58）	S（31.33）	R（30.42）	EL（30.09）
山西	I（39.47）	EN（37.87）	S（33.63）	R（31.19）	O（30.15）
内蒙古	EN（41.62）	I（37.21）	O（33.96）	S（32.77）	R（29.61）
辽宁	I（43.26）	S（38.10）	EN（35.01）	O（32.83）	EL（26.89）
吉林	I（39.69）	EN（36.99）	S（33.37）	O（31.50）	EL（29.64）
黑龙江	I（48.15）	EN（36.73）	S（36.12）	R（28.05）	EL（27.16）
上海	O（40.17）	EL（38.44）	I（33.73）	R（32.03）	EN（31.54）
江苏	I（46.53）	EL（37.13）	R（35.06）	EN（32.64）	S（30.22）
浙江	I（41.74）	S（35.91）	EN（35.48）	R（30.54）	EL（28.61）
安徽	I（42.89）	S（37.02）	EN（33.27）	R（30.39）	EL（29.71）
福建	I（42.38）	EN（39.96）	S（34.40）	R（33.63）	EL（25.64）
江西	I（43.85）	EN（42.08）	S（37.39）	R（29.11）	O（27.23）
山东	I（53.91）	EN（38.18）	EL（33.53）	R（32.18）	S（28.29）
河南	I（44.64）	S（37.32）	EN（33.54）	R（30.01）	EL（29.14）
湖北	I（43.00）	EN（38.63）	S（36.70）	O（30.80）	R（26.51）
湖南	EN（42.65）	I（39.21）	R（33.19）	S（33.04）	O（27.81）
广东	I（40.44）	EN（37.06）	R（34.63）	S（34.18）	EL（28.76）
广西	I（41.45）	EN（36.93）	S（36.74）	R（29.83）	O（28.86）
海南	I（41.42）	EN（40.88）	R（34.89）	S（32.25）	EL（26.86）
重庆	EN（42.28）	I（38.74）	S（35.54）	R（34.85）	O（26.57）

（续表）

地区	主控1 （障碍度%）	主控2 （障碍度%）	主控3 （障碍度%）	主控4 （障碍度%）	主控5 （障碍度%）
四川	I（41.61）	S（39.06）	EN（37.42）	R（30.59）	O（27.93）
贵州	I（46.89）	S（43.26）	EN（35.51）	R（27.77）	O（25.45）
云南	I（44.16）	S（39.94）	EN（35.14）	R（29.62）	O（26.30）
西藏	EN（41.34）	I（37.66）	R（37.28）	S（32.79）	EL（25.87）
陕西	I（44.48）	EN（41.80）	S（31.79）	R（27.95）	O（27.88）
甘肃	I（42.28）	S（37.10）	EN（35.39）	O（31.35）	EL（27.51）
青海	EN（42.29）	I（36.26）	R（31.97）	O（31.80）	S（30.47）
宁夏	I（46.66）	EN（34.75）	S（33.00）	EL（32.25）	O（32.01）
新疆	I（42.96）	S（37.94）	EN（37.32）	R（34.61）	EL（24.74）

因子出现频次：I 31次；EN 30次；S 30次；R 27次；O 19次；EL 18次。

从各省（自治区、直辖市）来看，全国74.19%的省（自治区、直辖市）第一主控因子为输入系统，障碍度均在39%以上；北京第一主控因子为社会系统，天津为生态系统，内蒙古、湖南、重庆、西藏、青海为经济系统，上海为输出系统。第二主控因子排序中，40.94%省（自治区、直辖市）均为经济系统，障碍度均在34%以上；北京为响应系统，天津、湖南、内蒙古、重庆、西藏和青海为输入系统，辽宁、浙江、安徽、湖南、四川、贵州、云南、甘肃和新疆为社会系统，上海、江苏为生态系统。第三主控因子中，11省（自治区、直辖市）为社会系统，障碍度均在30%以上；10省（自治区、直辖市）为经济系统，障碍度在33%以上，天津、江苏、湖南、广东、海南、西藏和青海为响应系统，内蒙古为输出系统，障碍度为33.96%，山东为生态系统。

5.3.3 指标层主控因子

水利绿色发展指标层主控因子前5位分析结果显示，出现频次前5位的指标依次是生态用水比例（29次）、生产用水综合经济效率（29次）、防洪能力指数（27次）、大专以上管理人员比重（17次）和水文化发展水平（14次）。这表明，在水利发展过程中，生态输入、经济输出和社会系统是绿色发展的薄弱环节，需要加强水利生态投入，提升水资源高效利用能力，促进其产出效率的提升，加强水利信息化水平和人员投入，提升区域防洪减灾能力，增加水利的人文化输出效益。

这与系统层主控因子的分析结果基本吻合。从各省（自治区、直辖市）来看，2017年各省份水利绿色发展的主要主控因素差别较大，但每个省份前2位主控因素的差距较小（表5-5）。

表5-5 水利绿色发展空间差异指标层主控因子分类

Table 5-5 Main control factor classification of water conservancy green development

区域类型	地区	主控因子1（障碍度%）	主控因子2（障碍度%）	主控因子3（障碍度%）	主控因子4（障碍度%）	主控因子5（障碍度%）
第一类	河北	X_6（12.78）	X_{13}（10.11）	X_2（10.07）	X_4（9.87）	X_9（9.73）
	吉林	X_6（11.79）	X_{13}（9.99）	X_{11}（9.38）	X_4（8.98）	X_2（8.83）
	黑龙江	X_6（11.58）	X_{13}（9.53）	X_1（9.50）	X_{11}（8.59）	X_9（8.24）
	安徽	X_6（13.39）	X_{13}（11.06）	X_4（10.14）	X_9（9.82）	X_{11}（9.60）
	江西	X_6（13.90）	X_{13}（11.19）	X_9（11.14）	X_4（10.54）	X_2（9.36）
	湖北	X_6（14.17）	X_{13}（10.75）	X_9（10.57）	X_2（9.78）	X_4（9.49）
	湖南	X_6（13.12）	X_{13}（10.30）	X_9（9.84）	X_4（9.11）	X_2（8.68）
	广西	X_6（12.92）	X_{13}（10.62）	X_9（10.35）	X_{11}（9.68）	X_{15}（9.67）
	甘肃	X_6（11.93）	X_{13}（10.83）	X_9（10.50）	X_1（9.59）	X_4（9.56）
第二类	山西	X_6（13.39）	X_9（11.32）	X_{15}（10.32）	X_{13}（10.29）	X_4（8.88）
	浙江	X_6（16.23）	X_9（13.63）	X_{13}（10.89）	X_{15}（10.04）	X_4（9.24）
	福建	X_6（15.28）	X_9（12.32）	X_{13}（11.45）	X_4（10.02）	X_{15}（8.89）
	河南	X_6（10.94）	X_9（10.69）	X_4（10.64）	X_2（10.50）	X_{13}（10.10）
	重庆	X_6（15.08）	X_9（12.47）	X_7（10.18）	X_{13}（10.13）	X_4（9.65）
	云南	X_6（13.03）	X_9（11.16）	X_4（10.83）	X_{13}（10.58）	X_{15}（8.80）
	陕西	X_6（14.54）	X_9（10.79）	X_{13}（10.70）	X_2（10.32）	X_4（10.21）
	宁夏	X_6（11.20）	X_9（10.40）	X_{13}（10.21）	X_1（9.76）	X_{15}（8.88）
第三类	江苏	X_6（14.88）	X_{11}（11.34）	X_{13}（10.99）	X_9（10.88）	X_2（9.84）
	广东	X_6（13.54）	X_{11}（10.48）	X_9（10.04）	X_{15}（9.97）	X_{13}（9.55）
	海南	X_6（12.31）	X_{11}（10.95）	X_{13}（10.00）	X_7（9.57）	X_9（9.38）
	新疆	X_6（11.13）	X_{11}（10.34）	X_1（9.99）	X_{13}（9.82）	X_7（9.54）
	青海	X_{11}（10.95）	X_6（10.83）	X_9（9.76）	X_{13}（9.65）	X_{15}（9.17）

（续表）

区域类型	地区	主控因子1（障碍度%）	主控因子2（障碍度%）	主控因子3（障碍度%）	主控因子4（障碍度%）	主控因子5（障碍度%）
第四类	上海	X_6（20.12）	X_7（18.32）	X_{15}（16.45）	X_{13}（12.56）	X_{10}（7.23）
	西藏	X_6（11.28）	X_7（10.23）	X_{11}（10.18）	X_{15}（9.38）	X_{13}（9.37）
	天津	X_{15}（14.34）	X_{11}（13.32）	X_2（13.24）	X_{10}（12.55）	X_9（7.95）
	内蒙古	X_{13}（10.67）	X_{11}（9.81）	X_1（8.86）	X_6（8.57）	X_9（8.49）
	北京	X_{15}（22.98）	X_7（17.48）	X_2（15.49）	X_3（14.32）	X_9（13.46）
	辽宁	X_6（12.48）	X_{15}（10.51）	X_{13}（10.01）	X_9（9.10）	X_2（8.74）
	四川	X_6（12.14）	X_{15}（10.28）	X_9（10.17）	X_{13}（9.55）	X_4（9.30）
	山东	X_6（13.75）	X_2（12.73）	X_4（11.42）	X_9（10.75）	X_{13}（9.20）
	贵州	X_6（12.62）	X_3（11.74）	X_4（9.93）	X_9（9.77）	X_{13}（9.61）

按水利绿色发展水平主控因子的前2位因子对各省（自治区、直辖市）进行分类，大致可以分成4类。

第一类是生态输入和经济效益主控型。这类型区域主要表现在河北、吉林、黑龙江、安徽、江西等地，主要受生态用水比例系数和生产用水综合经济效率因素的影响，其中生态用水比例系数的障碍度均在11%以上，生产用水综合经济效率的障碍度在9%以上。这一类型区省份的第3～5位主控因子几乎都有防洪能力指数和大专以上管理人员比重两个因素。这表明，生态输入和经济效益主控类型区域需要在增加生态输入和经济效益的同时，应注重社会系统的输入和响应，以支撑地区水利绿色发展水平的提升。

第二类是生态输入和社会响应主控型。这一类型区主要表现在山西、浙江、福建、河南、重庆等地，主要受生态用水比例系数和防洪能力指数的制约，其中生态用水比例系数在浙江的障碍度达到16.23%，防洪能力指数的障碍度为13.63%，为此类型区最高。这一类型区主控因子的3～5位排名中，生产用水综合经济效率出现频次最高，表明区域内省份生态输入与社会响应需要加强提升，此外，也应注重经济发展与水资源脱钩，即提升地区生产用水的综合经济效率。

第三类是生态输入和响应主控型。这一类型区主要表现在江苏、广东、海南、新疆等地，主要受生态用水比例系数和水土流失治理率因素的影响，其中生态用水比例系数的障碍度在10%～15%，水土流失治理率障碍度在

10.34%~11.34%。这说明，这类区域内生态输入系统和响应系统都有待提高，需要在水资源开发时注重生态保护，在水资源利用时注重节约、高效和环境友好。

第四类是社会输出综合主控型。这类地区主要受水文化发展水平和其他因素，如生态用水、用水重复率、水土流失治理率等共同作用，主要是北京、天津、辽宁、四川等地。值得一提的是，水文化发展水平在全国45.16%的省份中均排在障碍因子前5位，说明水资源的文化输出能力需要提升，在水资源开发、利用和保护的同时，也要注重水文化的挖掘，将其融入人民的生活中，以提升其幸福感和获得感。

5.4 本章小结

本章以中国31省（自治区、直辖市）为研究对象，对水利绿色发展水平进行测度，并分析其空间关联性和空间异质性特征，得出以下结论。

（1）从空间角度看，中国水利绿色发展始终呈现东部高于西部的态势。研究期内中国水利绿色发展水平空间分布均存在较强的正相关性，空间集聚特征明显；全局莫兰指数整体呈现上升趋势，表明中国各省（自治区、直辖市）水利绿色发展水平的空间趋同性不断减弱，空间异质性程度不断增强。

（2）中国水利绿色发展冷热点空间格局具有一定的稳定性。北京、天津、河北、山西、上海、江苏、安徽、山东、河南和湖北一直处于热点区，新疆、青海、西藏一直处于冷点区，可以看出，大部分省（自治区、直辖市）的水利绿色发展受邻域单元溢出效应的影响较小，自身因素对其水利绿色发展空间结构的改变影响较大。从数量上看，相较于2010年，2017年冷热点区域数量均有所减少，其中，热点区和次热点区总数减少了7.14%，冷点区和次冷点区减少了近57.14%。

（3）水利绿色发展水平空间差异的系统层主控因子排序依次是输入系统、经济系统、社会系统、响应系统、输出系统和生态系统，各区域间水利绿色发展水平空间异质性差异主要源自对水利发展的建设、管理和监督等投入要素。指标层主控因子依次是生态用水比例（29次）、生产用水综合经济效率（29次）、防洪能力指数（27次）、大专以上管理人员比重（17次）和水文化发展水平（14次）。这表明，生态输入、经济输出和社会系统是绿色发展的薄弱环节，因此，加强水利生态投入，提升水资源高效利用能力，促进其产出效率的提升，加强水资源信息化监管是水利绿色发展水平提高仍需努力的重要方向。

中国水利绿色发展水平由于不同地区之间的资源禀赋、经济发展、社会文化条件等的不同而存在差异，从研究结果看，中国水利绿色发展具有明显空间正相关关系，且空间集聚程度逐渐增强，可能与我国地区经济发展条件和水生态水环境的区域差异扩大有关。热点分析的结果表明，中国水利绿色发展水平的空间格局演化过程具有一定的稳定性。因此需要根据各省（自治区、直辖市）水利发展的实际情况因地制宜构建水利绿色发展体制机制，从自身因素出发改变各自的地位。对于水利绿色发展水平较低的省域，要努力打破空间格局演化的稳定过程，向水利绿色发展高水平区转变。这些地区一方面要加大政府对水利绿色发展的管理投入，采用先进的节水技术，提高水资源重复利用率，在水利用环节注重保护水环境，加强水生态修复力度，引导高水平的科技人才和管理人才向水利行业流动，提升水利信息化水平；另一方面要在稳固现有情况的基础上，积极调整产业结构，优化用水比例。对于水利绿色发展水平较高的省域，要保持水利绿色发展空间格局演化的稳定性，尽可能向水利绿色发展更高水平转变。这些省域要利用自身的优势，在保持高水平绿色发展的基础上继续优化水资源配置，提高水资源产出的社会效率、经济效率和生态效率，进一步培育水文化，扩展水利多功能性，采取多种模式促进水利与经济、社会、生态协调发展。

6 水利绿色发展影响因素的实证分析

通过第5章对全国、东中西部区域和中国31个省（自治区、直辖市）2010—2017年水利绿色发展水平的测度，分析了我国水利绿色发展的总体情况、区域及省级空间格局演变趋势，发现全国各区域之间水利绿色发展水平存在巨大的差异，且相互之间具有空间自相关性。那么水利活动以外的因素，是否对水利绿色发展产生影响呢？各影响因素在不同区域的影响程度如何？区域之间的影响因素是否存在差异？因此，本章基于前面各章的研究基础，借鉴现有研究成果，并结合各地区水利绿色发展水平的实际情况，采用空间Tobit模型探析水利绿色发展的影响因素，并对这些影响因素进行实证检验。为回答水利绿色发展影响因素是什么，有没有区域差异这个问题，本章将分别对东、中、西部样本区域水利绿色发展水平影响因素进行分析，进一步挖掘影响因素作用的地域差异性。

6.1 变量选取与模型设定

从研究领域来看，水利绿色发展是水利发展和生态可持续发展的一个交叉聚点。目前国内外对水利绿色发展影响因素的研究较少，但是关于水利发展和生态可持续发展的研究较为丰富。书中梳理了目前学术界对于水资源绿色效率、生态效率、水利绿色发展影响因素的理论观点，并进行整理。可以看到学术界主要从自然因素、社会经济因素、环境因素和科技因素等角度解释水资源和生态的绿色效率问题。

水利建设的实质是谋求在新的层面上重构人与自然的平衡（程晓陶，2008）。水利发展问题其实是水资源经济的问题，其根源是水资源的稀缺性。2018年诺贝尔经济学奖获得者保罗·罗默，其贡献之一在于他展示了知识如何成为推动经济长期增长的动力。知识无疑对水资源经济,即水利发展问题也具有一定影响。水资源禀赋在一定程度上反映了水资源稀缺程度,是水利发展的基础。基于此,本书将水利绿色发展的影响动机分为两个方面:一是知识动机,包括人力资本和科技水平;二是资源动机,主要指资源禀赋,包括人均水资源量等资源因素。

6.1.1 变量选取及研究争论

6.1.1.1 变量选取

(1)被解释变量。本节选取第4章中国各省(自治区、直辖市)水利绿色发展水平测算结果作为被解释变量。

(2)核心解释变量。核心解释变量主要包含体现水利绿色发展两个动机的指标,其中知识动机选取地区人均受教育程度和技术创新水平,资源动机选取人均水资源量衡量。

(3)控制变量。水资源是自然资源,其效用发挥除借助内外部动机外,还需要与其他要素相结合。此外,还要考虑变量的显著性以及模型的稳健性,选取部分控制变量。有研究表明,中国居民的未来10年目标仍然以物质主义为主,但已经开始向后物质主义发展,即国民的经济需求逐渐减弱,而对于美丽城市等方面的要求逐渐加强(佟德志等,2019)。也就是说,如果地区人均GDP和居民人均消费水平逐步上升,那么居民对生活环境中的水环境的要求也会相应提高。控制变量主要包括产业结构、人均GDP、居民人均消费水平、城镇化率、人口密度、政府环境规制力度。

6.1.1.2 核心解释变量的研究争论

知识按照效用可以分为"实用知识""学术知识""消遣知识""精神知识"以及"不需要的知识"(王志军等,2015)。实用知识和学术知识的运用是科技创新的源泉。日本在20世纪80年代提出"教育不仅是获取知识和信息的途径,而且应当重视对知识和技能的运用"(高益民,2009)。由此可见,衡量知识对水利绿色发展作用最重要的两个方面分别是科技创新和教育水平。

(1)科技创新。科技创新能在一定程度上促进区域可持续发展(赵传松等，2018），是区域绿色化的驱动因素，在资源节约化、产业生态化、生态经济化、消费绿色化等方面均产生了绿色效应（侯纯光等，2017）。科技发展使得水利科技水平与节水技术得到了较大的提高（张乐勤等，2018），水资源的消耗利用减少，水资源的利用效率提高（吴丹，2014；丁绪辉等，2018）。此外，新技术措施也提高了工业污水处理水平和效率（雷玉桃等，2015）。也有学者提出，科技进步在提升人类资源节约水平、环境保护和生态修复能力的同时，也造成了大气污染、水体污染、土壤污染、光污染等环境污染问题（黄娟，2017）。而且，在水危机问题上，学者指出单纯的科学进步并不能从根源上消除水生态危机（楚行军，2015），从文化视角的水利研究成为国内外学术界关注的一个研究主题。

（2）教育水平。教育水平对环境保护认知的肯定关系在几乎所有学者的相关研究中均得到了证实（赵卉卉等，2012）。学术界主要有两种不同的理论观点。第一种是教育水平高提升了资源节约、环境保护和环境治理效率（卢春天等，2011）。一般情况下，随着教育水平的提高，人们文化素质也随之提高，一方面增强了自身的环境保护意识（丁绪辉等，2019），对水资源保护工程的支持力度提升（李梦雅等，2013），倒逼政府努力改善环境质量（郑尚植等，2015）；另一方面，教育水平的高低影响了消费方式，随着教育程度的提高，落后消费方式得到一定程度的改善，进而选择可持续型消费模式（石贝贝等，2014），减少从大自然摄取物质资料，如节水行为（张宁等，2011）。也有学者提出以受教育水平度量的环境保护意识对公众环境行为影响作用较小（周志家，2011）。第二种是教育水平的提高增加了资源需求量。教育水平对家庭用水需求也存在影响（张巍等，2019）。教育程度越高，家庭用水量越多（赵卫华，2015），但是由此导致的用水需求的下降小于其由于生活质量的提高所带来的用水需求的上升（张宁等，2011）。

（3）资源禀赋。自然资源禀赋对水资源利用效率具有一定影响。有学者的研究表明，水资源禀赋高的地区，水资源约束越弱，人们的节水意识越低（韩琴等，2016）。水资源的紧缺有利于提高水资源的利用率，更加注重水资源的保护（陈磊等，2015）。水资源拥有量与水资源的利用效率呈显著的负相关（王亚华，2005；孙爱军等，2010；孙才志等，2011）。也有研究指出，水资源禀赋在不同的区域产生不同的约束作用，东部和中部地区人均水资源量与水资源效率呈负相关性，西部地区人均水资源量与水资源效率呈显著正相关(马海良等,2012)。水资源禀赋与工业循环用水率具有正相关关系(朱曼等,2016)。

6.1.2 样本选择及数据来源

在本节中将利用面板Tobit模型揭示中国水利绿色发展形成的原因,首先对模型中的解释变量、被解释变量汲取数据来源进行说明。

水利绿色发展水平(G)是被解释变量。数据采用在第4章中已经测算得出全国31个省(自治区、直辖市)2010—2017年水利绿色发展水平值。

科技创新能力(Tech)。目前衡量科技创新能力的指标并没有达成统一。从现有文献看,主要有3种。一是单个指标:①地方科学事业费支出(方颖等,2011);②专利批准数量(崔俊富等,2016);③地方财政科技支出占一般预算支出比重(任阳军等,2019);④R&D(科学研究与试验发展)支出经费与GDP的比值(周柯等,2019;陈磊等,2015);⑤专利授权数(马海良等,2012);⑥教育经费投入(赵良仕等,2014);⑦R&D投入(雷玉桃等,2015)等。二是多个指标:①科技活动人员、R&D经费支出、科技成果、技术市场成交合同金额及高新技术产业产值5个指标(康绍大等,2016);②研发强度和科技人员投入两个指标的平均值(解学梅等,2015);③以R&D内部经费支出来代表科技创新物力投入,用R&D人员折合全时当量人员来衡量科技创新活动的人力投入,用申请专利数以及发表科技论文数来表示科技创新成果(喻开志等,2016)。三是综合性指标:如选取R&D经费投入、专利授权数、科研活动人员、教育经费投入、万人大学生数、重大科研成果、技术市场成交额、技术成交项、高科技产业产值作为科技创新评价指标。考虑到数据可得性,选择R&D支出经费与GDP的比值方法计算得到中国各省(自治区、直辖市)的科技创新能力。

教育水平(Edu)。地区教育水平用人均平均受教育年限数据来衡量。根据中国实际情况,假设小学学历受教育年限为6年,初中学历为9年,高中学历为12年,大专及以上学历为15年,以此估算各地区居民平均受教育年限。数据来源于历年《中国统计年鉴》以及2010年全国人口普查数据。

资源禀赋(Pcw)。地区水资源禀赋衡量的争议主要来自水资源总量和人均水资源量(张振龙等,2017;徐生霞等,2019)。还有学者认为需要综合考虑人口、国土面积、耕地等因素,建议使用人均占有水量、单位国土面积水量、单位耕地水量(以农业用水为分子)等指标准确衡量一个地区水资源丰沛与否(贝荣塔等,2010)。水资源禀赋方面采用人均水资源量与年降水量为代理变量(张玲玲等,2019)。结合以上研究,考虑到水资源禀赋受到人口数量的影响,同时为了使地区之间更具有可比性,本研究采用人均水资源量来表示。

除以上核心解释变量外,模型中还加入了以下控制变量。

产业结构。用第二产业增加值占国民生产总值的比重来表示,记为Ind。

经济发展水平。用地区人均GDP和居民人均消费水平衡量,分别记为Pcgdp和Pcon。为使数据更可靠,对这两个指标以2005年为基期进行价格指数平减。

人口和城镇化水平。人口用地区人口密度来衡量,记作(Popd)。人口密度是指单位土地面积上的人口数量。城镇化水平指一个地区城镇化所达到的程度,用城镇化率来表示。使用城镇居民人口数量占总人口比重来衡量,记为City。此外,为考虑城镇化水平与水利绿色发展是否存在库兹涅茨曲线关系,在模型自变量中加入城镇化率的平方项,记为$City^2$。

环境规制。环境规制指标主要由污染管制、污染治理和污染情况等方面的指标来衡量。如基于各地区历年单位产值的环境污染立案数量来衡量政府的污染管制强度(张宇等,2014),环境污染治理投资额来反映环境规制强度(环境规制、技术进步与经济增长、环境管制、产业结构调整与地区经济发展环境规制、科技创新与产业结构升级)。参考杨骞等(2015)中的指标设立,选择废水中污染物排放强度作为环境规制的逆指标,用废水中COD排放强度作为代理变量(COD排放量除以地区生产总值,地区生产总值进行以2005年为基期的价格平减)。

本章节研究数据主要来源于《中国统计年鉴》《中国环境年鉴》《中国科技统计年鉴》和国家统计局网站。由于2011年环境保护部对统计制度中的指标体系、调查方法及相关技术规定等进行了修订,废水统计范围扩展为工业源、农业源、城镇生活源、机动车、集中式污染治理设施5个部分。为保持统计口径的一致性,本书以2011—2017年为时间跨度进行水利绿色发展影响因素分析。变量的描述性统计分析见表6-1。

表6-1 水利绿色发展影响因素描述性统计
Table 6-1 Descriptive statistics of influencing factors of water conservancy green development

变量名称	代表含义	单位	平均值	标准差	最小值	最大值
G	水利绿色发展指数	—	0.363	0.037	0.235	0.473
Edu	教育程度	年	8.852	1.065	4.196	12.026
Tech	技术进步（R&D投入占GDP的比重）	%	0.015	0.011	0.002	0.06
Pcw	人均水资源量	亿m³	6 644.158	24 653.94	72.8	154 000
Ind	第二产业	%	0.455	0.084	0.19	0.59
Pcgdp	人均GDP	元	35 079.05	24 221.61	8 415.64	138 000
Pcon	人均消费水平	元	13 664.82	7 348.922	3 740.35	47 889.2
City	城镇化率	%	0.55	0.136	0.227	0.896
Popd	人口密度	%	4.429	6.815	0.024	38.259
Cod	废水中COD排放强度	吨/亿元	52.608	34.816	4.211	187.925

为消除解释变量的量纲差异，对解释变量和被解释变量分别取以10为底的对数。同时使用膨胀因子对解释变量进行多重共线性检验。如果因子独立性较差，将极大地提高模型参数估计方差的数据，导致模型系数建设检验的结论缺乏可信度。如果指标膨胀因子大于10，则认为该指标所包含的信息与其他指标重叠，应删除。根据检验结果（表6-2），删去了共线性显著的城镇化率平方和地区居民人均消费水平指标。

表6-2 影响因素的VIF检验
Table 6-2 VIF test of influencing factors

变量	VIF	1/VIF
lncity²	16.78	0.059 594 756
lnpcon	10.69	0.093 545 37
lncity	9.36	0.106 837 607
lnedu	7.13	0.140 252 454
lnpcgdp	6.64	0.150 602 41

（续表）

变量	VIF	1/VIF
lntech	4.68	0.213 675 214
lnpopd	4.02	0.248 756 219
lncod	3.04	0.328 947 368
lnpcw	0.04	25
lnind	1.4	0.714 285 714

识别影响因素在不同区域影响作用差异有两种方法，一种是加入地区虚拟变量，即在模型中加入以中部地区为基础，东部、西部地区的虚拟变量，同时加入东部和西部地区虚拟变量和Xit的交互项，但是这种方法会导致指标之间存在严重的多重共线性，使得模型估计结果有偏差。另一种是调整样本量，对东、中、西部地区样本分别进行估计，比较区域间的异同。综合考虑两种方法的优劣，最终选择后者。

6.1.3 模型介绍

在某些情况下，被解释变量的取值范围可能受限制，称为"受限被解释变量"。"归并数据"（Censored data）是受限被解释变量的一种常见情形。解释变量对实际观测变量的边际影响是非线性的，如果直接用面板数据回归或者多元回归，其结果可靠性不高。而Tobit模型充分考虑了归并数据具有上下限的特征，当前，这种模型已经引入了更复杂的形式，面板数据、半参数等形式的Tobit模型在研究中广泛应用。水利绿色发展水平变量的取值是在0~1的区间，变量具有明显的"归并数据"的特征。考虑数据时间跨度为2010—2017年，所以本章运用面板Tobit模型进行影响因素分析。第5章的研究结果表明，水利绿色发展水平变量具有空间相关性特征。如果模型的构建过程中忽略了这一特征，也难以真正揭示水利绿色发展水平的影响因素。所以将空间依赖引入面板Tobit模型，运用空间面板Tobit模型作为研究工具，揭示水利绿色发展水平影响因素的作用。

6.1.3.1 面板Tobit模型

如果样本不存在空间自相关,则使用混合面板Tobit模型。

考虑归并数据的面板模型。假设式(6-1)。

$$y_{it}^* = x_{it}^{'}\beta + \mu_i + \varepsilon_{it} \tag{6-1}$$

式中,y_{it}^*为不可观测的潜在变量,x_{it}为解释变量,β为待估参数,μ_i为个体效应。扰动项$\varepsilon_{it} \sim N(0, \sigma_\varepsilon^2)$。如果$\mu_1 = \mu_2 = \cdots = \mu_n$则可直接进行混合Tobit回归,但必须使用聚类稳健标准误。但是,大多数情况下,允许个体效应的存在。假定在0处存在左归并。假设可以观测到式(6-2)。

$$y_{it} = \begin{cases} y_{it}^* & \text{若} y_{it}^* > 0 \\ 0 & \text{若} y_{it}^* \leq 0 \end{cases} \tag{6-2}$$

这里只考虑如果个体效应与解释变量不相关,则为随机效应(陈强,2014)。

6.1.3.2 空间面板Tobit模型

空间面板Tobit模型使用的研究成果还不多见,正逐渐成为研究热点。考虑到解释变量的门限效应和空间相关性,所以本节中将对空间面板Tobit模型进行简单介绍,见式(6-3)。

$$\begin{cases} Y_{it} = \max(0, \tau Y_{i,t-1} + \rho \sum_{j}^{n} w_i^{'} Y_{jt} + x_{it}^T \beta + \mu_i + \varepsilon_{it} + \gamma_t) \\ \varepsilon_{it} = \lambda m_t^{'} + v_{it} \end{cases} \tag{6-3}$$

式中,Y_{it}是模型中的解释变量(Y_{it}具有上限、下限或者存在极值,即Y_{it}存在归并现象),$w_i^{'}$为空间权重矩阵W的第i行,空间权重矩阵采用相邻规则,将海南与广东设为相邻,μ_i为区域i的个体效应ε_{it},ε_{it}为扰动项,$Y_{i,t-1}$为被解释变量Y_{it}的一阶滞后(即动态面板;如果不是动态面板,则可令$\tau = 0$);γ_t为时间效应;而$m_t^{'}$为扰动项空间权重矩阵M的第t行。根据该模型的系数ρ、τ、ε和λ是否为零,空间面板Tobit模型具体可分为以下5个模型:

若$\rho = \varepsilon = \lambda = 0$,则为普通面板模型。

若$\tau = \rho = 0$且$\varepsilon = 0$,则为"空间误差模型"(Spatial error model,简记为SEM)。

若 $\varepsilon=0$ 且 $\lambda=0$，则为"空间自回归模型"（Spatial autoregression model，简记为 SAR）。

若 $\tau=0$ 且 $\varepsilon=0$，则为"空间自相关模型"（Spatial autocorrelation model，简记为 SAC）。

若 $\lambda=0$，则为"空间杜宾模型"（Spatial durbin model，简记为 SDM）。

由此可见，空间自回归模型是空间杜宾模型的一种特殊形式。

关于空间面板 Tobit 模型的较为成熟的估计方法是最大似然法（Lesage，2002；Xu et al.，2015），在误差项正态假定成立的情况下，空间面板 Tobit 模型系数的最大似然估计（MLE）具有显著优点。除此之外，这一方法还能对模型设定检验估计量。正是因为这样，在这里选择最大似然法来计算。

6.2 东部地区水利绿色发展影响因素分析

6.2.1 模型选择

对东部地区样本数据分别采用空间自相关、空间自回归、空间杜宾模型和空间误差模型进行回归和估计，进而确定优选模型。表 6-3 报告了空间自相关模型（SAC）、空间自回归模型（SAR）、空间杜宾模型（SDM）和空间误差模型（SEM）的检验结果，ρ 为水利绿色发展指数的空间自回归系数，λ 为随机干扰项的自回归系数。从表 6-3 可以看出，空间自相关模型（SAC）系数 ρ 的统计值为 -0.02，通过了显著性检验，但系数 λ 未通过显著性检验，接收原假设，即不存在空间滞后作用。空间自回归模型（SAR）检验原假设"$\rho=0$"的统计值为 -0.008，对应的概率为 0.238，因此接受原假设，说明不存在被解释变量的空间滞后效应。空间杜宾模型（SDM）的系数 ρ 也没有通过显著性检验，说明与全国样本不同，东部地区邻近省份变量的空间滞后项的作用不显著。空间误差模型（SEM）的系数 λ 也没有通过显著性检验，模型结果不可靠。综合 4 个模型的检验结果均不理想，同时验证了在东部地区不存在空间相关性和空间滞后作用，说明在东部样本中不需要考虑被解释变量之间的空间作用，所以空间面板 Tobit 模型将不再适用，将在东部地区选择混合面板 Tobit 模型。

表6-3 东部样本空间Tobit模型选择

Table 6-3 Tobit model selection in Eastern China

		空间自相关模型（SAC）	空间自回归模型（SAR）	空间杜宾模型（SDM）	空间误差模型（SEM）
ρ	系数	-0.084	-0.008	0.011	
	Z值	-1.68	-1.18	0.17	
	P值	0.093	0.238	0.863	
λ	系数	0.015			-0.001
	Z值	1.55			-0.91
	P值	0.122			0.365
R^2		0.868	0.871	0.876	0.87

6.2.2 实证结果分析

从东部样本的估计结果看（表6-4），居民教育水平和科技进步对水利绿色发展的影响为正，但不显著，说明地区水利绿色发展动机中的知识动机尚未产生明显的推动作用。产业结构对水利绿色发展产生负向影响，但不显著。产业结构是用第二产业产值与地区总产值的比重来表征的所以其对水利绿色发展的影响为负是符合理论预期的。目前中国经济发展还是处在工业化的上升阶段。在这一阶段中，一个地区的工业发展状况较好，即第二产业产值占总产值比重较高的地区，虽然其经济产出效率较高，但是在生产过程中水资源高消耗和水环境破坏现象较为普遍。地区人均GDP对水利绿色发展具有显著的正向作用。城镇化率在1%显著水平下对水利绿色发展有负向影响。人口密度具有显著的负向作用。人均水资源量对水利绿色发展作用为负，但未通过检验。说明水资源禀赋的充裕对水利绿色发展的抑制作用正逐步显现，这可能是由于一些地区丰沛的水资源量并不能引起人们对水资源节约和高效化利用的重视，反而可能会陷入"资源诅咒"中。废水中COD排放强度对东部地区水利绿色发展起到负向作用，但不显著，说明东部地区的环境规制还未产生明显作用，主要原因可能是长期以来东部地区的经济发展对水利绿色发展的正向作用大于环境污染带来的负向作用。

表6-4 东部水利绿色发展影响因素分析

Table 6-4　Analysis of influencing factors of water conservancy green development in Eastern China

东部	系数	标准差	Z值	P值
lnedu	0.271	0.201	1.35	0.178
lntech3	0.032 9	0.026	1.25	0.213
lnind3	−0.006	0.04	−0.15	0.882
lnpcgdp	0.250***	0.057	4.36	0
lncity3	−0.506***	0.099	−5.11	0
lnpopd	−0.049 0**	0.021	−2.38	0.017
lnpcw	−0.008 02	0.007	−1.09	0.277
lncod	−0.005 09	0.012	−0.42	0.675
_cons	−4.201***	0.787	−5.34	0
u	0.024 0***	0.007	3.55	0
e	0.027 6***	0.002	11.29	0

注：*、**、***分别代表变量通过10%、5%、1%的临界值。作者利用stata计算。

6.3　中部地区水利绿色发展影响因素分析

6.3.1　模型选择

对中部地区样本数据分别采用空间自相关、空间自回归、空间杜宾模型和空间误差模型进行回归和估计，进而确定优选模型。从表6-5可以看出，空间自相关模型（SAC）中系数λ的估计值为0.08，通过了显著性检验，但系数ρ的统计值为0.03，未通过显著性检验，说明结果不可靠。空间自回归模型（SAR）检验原假设"$\rho=0$"的统计值为−0.000 6，对应的概率为0.92，没有通过显著性检验。空间杜宾模型（SDM）的系数ρ通过了10%的显著性检验。空间误差模型（SEM）的估计系数λ未通过检验，模型结果不可靠。综合4个模型的检验结果，选择空间杜宾模型进行中部样本的影响因素分析。

表6-5 中部样本空间Tobit模型选择

Table 6-5 Tobit model selection in Central China

		空间自相关模型（SAC）	空间自回归模型（SAR）	空间杜宾模型（SDM）	空间误差模型（SEM）
ρ	系数	0.027	−0.000 6	0.087 6	
	Z值	0.97	−0.1	1.65	
	P值	0.332	0.92	0.1	
λ	系数	0.083			0.103
	Z值	1.73			1.48
	P值	0.084			0.14
R^2		0.82	0.828	0.898	0.826

6.3.2 实证结果分析

中部样本的估计结果表明（表6-6），中部地区教育程度和科技进步因素，均对水利绿色发展产生显著负影响，与预期作用相反，即受教育程度越高，科技越进步，地区水利绿色发展水平越低。可能的解释是受教育程度越高的地区，人们的市场经济发展意识更强，在追求经济利益方面的目标更高，相应地，对水资源高效利用、环境治理、水生态化输出和水利人文化效益则需要成本支出，同时经济利润受到一定影响，从而水利绿色发展并没有得到足够重视。现阶段科技进步既产生了积极影响又有负面作用已经在全球范围内达成共识，这种负面作用主要体现在所引导的生产方式对水资源的过度消耗、对水生态环境的破坏（赵良仕等，2020）和水域空间的掠夺。由此可见，中部地区科技进步对水利绿色发展产生了负面作用，应得到更多的重视。城镇化率对水利绿色发展产生正向显著影响。人口密度对水利绿色发展产生积极影响，并在1%显著水平下通过了检验，这说明，中部地区人口密度的升高，能刺激地区水利向绿色方向发展。可能的原因是随着地区人口密度的提高，人口集聚情况越加明显，水利基本公共设施、水利的生态效应等因存在人口规模效益，公共服务会更加具有效率，进而带来水利绿色发展水平的提升,这一结论与Philip(1999)、Afonso(2008)、邓宗兵等(2014)和易莹莹等(2016)国内外学者的观点相符。

表6-6 中部水利绿色发展影响因素分析

Table 6-6 The influencing factors of water conservancy green development in Central China

中部	系数	标准差	Z值	P值
lnedu	-0.822***	-0.236	-3.480	0.000
lntech3	-0.090***	-0.035	-2.580	0.010
lnind3	0.027	-0.042	0.640	0.524
lnpcgdp	0.126	-0.078	1.610	0.106
lncity3	0.483***	-0.128	3.760	0.000
lnpopd	0.116***	-0.035	3.350	0.001
lnpcw	0.011	-0.015	0.740	0.461
lncod	-0.023	-0.015	-1.530	0.127
_cons	-0.637	-0.685	-4.420	0.000
w1x_lnedu	-0.634***	-0.143	1.610	0.108
w1x_lntech3	0.047	-0.029	0.960	0.335
w1x_lnind3	0.034	-0.035	5.970	0.000
w1x_lnpcgdp	0.170***	-0.028	-1.080	0.281
w1x_lncity3	-0.114	-0.106	-0.650	0.519
w1x_lnpopd	-0.015	-0.023	-2.840	0.004
w1x_lnpcw	-0.024***	-0.008	2.510	0.012
w1x_lncod	0.026**	-0.011	-0.930	0.352
Rho	0.088*	-0.053	1.650	0.100
Sigma	0.018***	-0.002	10.500	0.000
N			56	

(续表)

中部	系数	标准差	Z值	P值
Wald检验		344.25***		
F检验		21.52***		

注：*、**、***分别代表变量通过10%、5%、1%的临界值。作者利用stata计算。

基于解释变量的空间滞后分析，教育程度变量空间滞后方向为负，且通过了5%显著性水平下的检验，说明邻近省份的人均受教育年限越高，有可能会导致本省的水利绿色发展水平有所下降。人均GDP变量空间滞后的系数为正，且显著，说明中部区域邻近省份人均GDP的升高为本省水利绿色发展带来积极作用，这可能是由于区域经济越发达的省份在水资源高效利用、水环境保护等方面的先进做法，同样影响了周边省份，带动了后者的水利绿色发展。人均水资源量变量空间滞后对水利绿色发展水平的作用方向为负，说明邻近省份水资源禀赋越丰富，有可能会导致本省的水利绿色发展水平有所下降。

基于被解释变量的空间滞后分析，2011—2017年中部区域水利绿色发展水平受多个影响因素的综合作用，被解释变量的空间滞后系数在1%的显著性水平下通过了检验，说明省域水利绿色发展水平存在一定的空间相关性，这与第5章的分析结果一致。

6.4 西部地区水利绿色发展影响因素分析

6.4.1 模型选择

对西部地区样本数据分别采用空间自相关、空间自回归、空间杜宾模型和空间误差模型进行回归和估计，进而确定优选模型。从表6-7可以看出，空间自相关模型（SAC）系数ρ的统计值为0.053，通过了显著性检验，但系数λ未通过显著性检验，接收原假设，即不存在空间滞后作用。空间自回归模型（SAR）检验原假设"$\rho=0$"的统计值为0.022，对应的概率为0.017，因此拒绝原假设，说明存在被解释变量的空间相关效应。空间杜宾模型（SDM）的系数ρ也没有通过显著性检验。空间误差模型（SEM）的系数λ也没有通过显著性检验,模型结果不可靠。综合4个模型的检验结果,将在西部地区选择空间自回归Tobit模型。

表6-7 西部样本空间面板Tobit模型选择
Table 6-7 Tobit model selection in Western China

		空间自相关模型（SAC）	空间自回归模型（SAR）	空间杜宾模型（SDM）	空间误差模型（SEM）
ρ	系数	0.053	0.022	−0.072	
	Z值	2.24	2.4	−1.63	
	P值	0.025	0.017	0.104	
λ	系数	0.022			−0.014
	Z值	1.51			−1.56
	P值	0.132			0.118
R^2		0.707	0.727	0.819	0.743

6.4.2 实证结果分析

从西部样本的估计结果看（表6-8），西部地区科技进步因素对水利绿色发展产生了一定的正向作用，且显著。这可能是由于技术进步不仅带来经济发展，也在自然生态和水资源的保护和节约上有所体现。人均GDP在5%显著性水平下通过了检验，对西部地区水利绿色发展起到了消极作用。可能是随着居民生活水平的提升，人们更倾向于改善自身生活，尤其是物质生活，对资源开发、节约和保护尚未能有足够的重视。换句话说，即随着人均收入的增加，环境污染由低趋高，人均GDP水平可能尚未达到环境库兹涅茨曲线的拐点，即当经济发展达到某个临界点，随着人均收入的进一步增加，受产业结构和环境规制加强等影响，环境污染由高趋低，环境质量得到改善。城镇化率对水利绿色发展产生显著正向影响，这说明城镇化率的提高在一定程度上对水利绿色发展有积极作用，这可能的原因是随着城市化进程的推进，大量的农业人口转移至城市或城镇中，对水资源治理带来一定的便利性，对水资源的利用更加集约有序。地区人均水资源量对水利绿色发展产生负向影响，但不显著。废水中COD排放强度对水利绿色发展产生显著负影响，这说明，环境规制能在一定程度上对水利绿色发展产生积极作用，即政府参与推动西部地区水利绿色发展的作用不容忽视，这与何爱平等（2019）得出的环境规制促进绿色发展效率的提高结论一致。

表6-8 西部水利绿色发展影响因素分析

Table 6-8 Analysis of influencing factors of water conservancy green development in Western China

西部	系数	标准差	Z值	P值
lnedu	−0.108	0.099	−1.09	0.277
lntech3	0.115***	0.044	2.58	0.01
lnind3	−0.092 5	0.089	−1.04	0.298
lnpcgdp	−0.106**	0.05	−2.13	0.033
lncity3	0.197*	0.103	1.9	0.057
lnpopd	−0.007 88	0.014	−0.58	0.56
lnpcw	−0.005 62	0.009	−0.61	0.541
lncod	−0.060 0***	0.02	−2.99	0.003
_cons	1.214*	0.659	1.84	0.065
Rho	0.022 3**	0.009	2.4	0.017

注：*、**、***分别代表变量通过10%、5%、1%的临界值。作者利用stata计算。

6.5 三大区域水利绿色发展影响因素比较

从整体上看，区域之间各解释变量存在差异（表6-9）。在中部和西部地区，教育程度与水利绿色发展水平之间呈负相关关系，教育程度仅在东部地区产生正向效应，这也说明我国居民人均受教育程度在东、中、西部地区分布不均衡的现状。与此相似，科技进步水平在东、中、西部也存在差异，东部和西部科技进步因素对水利绿色发展的正向作用，而在中部地区产生负向作用。产业结构在东部和西部样本区域内均对水利绿色发展水平产生负向影响，在中部样本区域内产生正向影响。人均GDP在西部地区与水利绿色发展水平负相关，而在东部和中部地区呈现正相关。城镇化率对水利绿色发展的正向作用主要是受其在中部和西部地区正向影响。人口密度对水利绿色发展的正向作用主要表现在中部样本中，在东部和西部人口密度则产生了相反的影响作用。人均水资源量在东、西部样本中均呈现出对水利绿色发展的负向影响作用，在中部地区则产生了正向作用。废水中COD排放强度在东、中、西部地区对水利绿色发展均产生负向作用，说明环境规制作用对水利绿色发展的推动在全国范围内适用。区域影响因素的不同作用方向也说明促进水利绿色发展的方式应因地制宜实施，如在东部地区，要优化产业结构，减少或限制资源密集型高耗水产业发展，同时在城市化进程中注重水资源的节约保护，合理控制人口密度，探索人口增长带来的规模化效益如何使水利更绿色；在中部地区，加强绿色发展理念认知宣传，转变科技导向，加快推进城市化进程；在西部地区，加强绿色发展理念宣传，优化产业结构，合理控制经济增长与水资源之间的关系。

表6-9 分样本水利绿色发展影响因素比较

Table 6-9 Influencing factors comparison of water conservancy green development

变量		东部	中部	西部
一般解释变量	lnedu	0.271	−0.822***	−0.108
	lntech3	0.032 9	−0.090***	0.115***
	lnind3	−0.006	0.027	−0.092 5
	lnpcgdp	0.250***	0.126	−0.106**
	lncity3	−0.506***	0.483***	0.197*
	lnpopd	−0.049 0**	0.116***	−0.007 88
	lnpcw	−0.008 02	0.011	−0.005 62
	lncod	−0.005 09	−0.023	−0.060 0***
	_cons	−4.201***	−0.637	1.214*
观测值数量		77	56	84

注：*、**、***分别代表变量通过10%、5%、1%的临界值。作者利用stata计算。

6.6 本章小结

水利绿色发展是水利发展和生态可持续发展的一个交叉聚点，分析其影响对解决我国水利发展问题和保障水安全意义重大。本章以知识动机和资源动机的因素作为核心解释变量，在考虑被解释变量空间滞后性的基础上，采用空间面板Tobit模型对中国东、中、西部三大区域水利绿色发展水平的影响因素进行实证分析，得出以下主要结论。

从中国三大区域看，各解释变量对水利绿色发展水平的影响作用在区域间存在异同，废水中COD排放强度在东、中、西部地区对水利绿色发展均产生负向作用，说明环境规制对水利绿色发展的推动作用在全国范围内适用。中部和西部地区教育程度对地区水利绿色发展产生负效应，这可能是我国居民人均受教育程度在东、中、西部地区分布不均衡。与此相似，东部和西部科技进步因素对水利绿色发展产生的正向作用，科技创新能力的提升对水利绿色发展水平提升具有重要作用。产业结构在东部和西部样本区域内均对水利绿色发展水平产生负向影响，在中部区域作用方向为正。人均GDP在西部地区与水利绿色发展水平负相关。在中部和西部地区，城镇化率对水利绿色发展产生正向作用。人口密度对水利绿色发展的正向作用主要表现在中部样本中，在东部和西部人口密度则产生了相反的影响作用。人均水资源量在东、西部样本中均呈现出对水利绿色发展的负向影响作用，在中部地区则产生了正向作用。

7 水利绿色发展机制与路径选择

水利绿色发展是一个受多种因素影响和制约的复杂动态系统，前面从理论上分析了水利绿色发展的含义和影响因素，并进行了实证检验。那么，到底什么是水利绿色发展的实现机制呢？笔者认为，理顺各因素与水利绿色发展之间的复杂关系，识别出能实现水利绿色发展目标的作用原理和内在联系，就是水利绿色发展的实现机制。本章将在上文水利绿色发展理论构架和实证结果的基础上，将水利绿色发展影响因素的作用提升到理论层面，再进一步回到对现实问题的解释。讨论如何结合实际问题，搭建实施水利绿色发展行为的桥梁和纽带。

7.1 水利绿色发展机制理论思路和逻辑

在商务印书馆出版的《现代汉语词典》中，"实现"的解释为"使成为事实"；名词"机制"有4种含义：一是机器的构造和工作原理；二是机体的构造、功能和相互关系；三是指某些自然现象的物理、化学规律，也叫机理；四是泛指一个工作系统的组织或部分之间相互作用的过程和方式。笔者把水利绿色发展看作一个系统，根据对影响水利绿色发展各种因素之间相互作用关系的分析，理顺各影响要素之间的作用关系和作用方式，并采取各种措施使之正常运行，从而达到水利绿色发展的目标。

水利绿色发展的"五化"核心是水资源与社会发展各要素紧密相关的重要方面。它们是一个整体，相互联系，相互作用，但彼此又包含了不同的内容。本章拟构建包括合理化开发、高效化利用、生态化输出、人文化效益和常规化监管为重点的水利绿色发展实现机制，厘清其内在联系和相互作用机制，探索在水资源开发、利用和效益产出等环节中如何实现绿色可持续。水利绿色发展的"五化"核心，对应水利发展的5个子系统，分别是水资源开发系统、水资源利用系统、水生态系统、水文化系统和水管理系统，这5个子系统围绕水利发展紧密展开，相互之间有直接联系和间接联系。

7.1.1 水资源

水资源是社会生产、生活基本物质资料的重要组成部分，大规模的水资源开发利用是对天然水资源系统结构的调整，是水量、水质在空间上重新分配的过程，这一过程必然会使环境发生变化；从另一个角度讲，开发的方式可能在一定程度上给人民带来精神满足和文化传承，如都江堰、木兰陂、郑国渠等。

7.1.2 水利用

水利用是水资源去处的重要方向，用水结构涉及生活的方方面面，2018年全国用水和农业用水量占总用水量的82.36%；生态用水在维护水生态环境方面具有重要作用；节约高效用水和水的重复利用又带来社会文化水平的提升。

7.1.3 水生态

水生态系统的功能是保证系统内的物质循环和能量流动，以及通过信息反馈，维持系统相对稳定与发展；水生态系统对外界作用力有一定承受能力，但压力过大也会破坏系统平衡；水资源的合理开发和高效利用，将是保证水生态系统稳定的重要手段。

7.1.4 水文化

水文化是指以水和水事活动为载体，人们创造的一切与水有关文化现象的总称，包含了水利文化的全部内容。水文化系统包括在水资源开发、利用和生态保护过程中产生的水工程、水环境、水景观等物质层面的水文化和精神层面的水文化。

7.1.5 水管理

水管理是指在水文政策与法律之下，对水源的规划、开发、分配以及有效使用的管理。现阶段实行最严格水资源管理制度、农业水资源台账建设、智慧水利等都是水资源管理的重要方面。从水管理的定义可以看出，水管理贯穿在其他4个子系统中，起到监督、管理和促进的作用。

根据第6章中国水利绿色发展影响因素研究以水利绿色发展为系统目标，通过梳理影响因素中各指标与目标系统的关系，可知中国水利绿色发展的动力机制主要受社会发展要素、经济发展要素、资源要素和政策要素的综合作用。其中教育水平、科技水平、城镇化率和人口密度是社会要素的主要构成要素；产业结构、人均GDP是经济要素的主要构成要素；人均水资源量是资源要素的主要构成要素；环境规制是政策要素的主要构成要素。资源要素即考虑水资源本身，在下面的分析中不单独列出。经济要素、社会要素和政策要素相互影响，通过循环作用对水利绿色发展的"五化"核心产生影响。

7.2 水利绿色发展机制构成

7.2.1 合理化开发机制

7.2.1.1 水资源开发阶段划分

从水源变化角度看，水资源开发分3个阶段。

第一阶段是地表水开发。在人类社会初期，对水资源的认识浅薄，只是为了生存而开发水资源，使用的措施较为简陋。

第二阶段是地表水和地下水开发。早在先秦时代，人们就已经开采地下水作为灌溉水源（沈大军等，1995）。

第三阶段是地表水、地下水和非常规水源开发。其中非常规水源主要包括海水淡化、再生水利用、雨洪水等。从我国供水结构来看，2018年地表水是主要供水源，占总供水量的82.33%，地下水占16.23%，非常规水源供水量达86.3亿m^3，占总供水量的1.44%。

7 水利绿色发展机制与路径选择

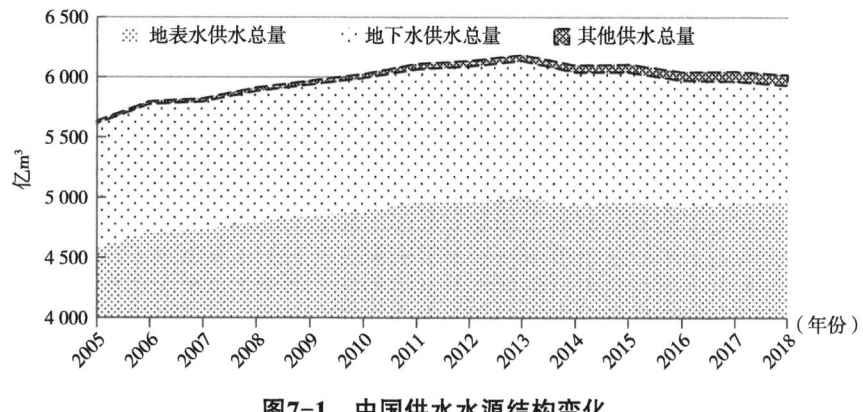

图7-1 中国供水水源结构变化

Figure 7-1 The change of water supply source structure in China

从水资源用途看,水资源开发分为4个阶段。

第一阶段是原始开发阶段:逐水而居。以黑河流域为例,从新石器时代到春秋战国时期,流域内主要是游牧民族,主要依靠水、牧草过着游牧生活,逐水而居(唐霞等,2015),对农田水利尚无开发的需要。

第二阶段是农田水利开发阶段:取水生产。从农耕文明开始,中国形成了南稻北粟的生产格局,并逐渐开始了对农田水利的需求,开渠引水,用以发展种植业和畜牧业。

第三阶段是多功能综合开发阶段:耗水发展。随着社会的进步和经济水平的提升,人类对水资源的依赖程度逐渐增强。各行各业几乎都离不开水资源,农田灌溉、居民生活、工业生产、水力发电、观光旅游等(梁松涛等,2017)。社会经济发展依赖于消耗水资源而取得进步。

第四阶段是合理化开发阶段:适水生态。地表水的无序开发和地下水的过度开采,带来严重的生态破坏,如气候变化、土壤盐渍化、物种多样性减少和环境地质效应,如地下水位下降、地面沉降、地裂等(邱尚志,2007)。我国地域广大,各流域处于不同的生态类型区,水资源开发程度也不尽相同,生态系统对水资源开发利用的反应也各有差异。半干旱和干旱的北方地区生态用水问题更迫切,水资源过度开发现象更普遍、后果也更严重。在这种背景下,需要重新审视水资源开发方式、开发强度和开发结构,坚持以水定城、以水定地、以水定人、以水定产的原则进行适水生产。

7.2.1.2 合理化开发机制

在分析水资源合理化开发机制前,要首先明确从供水到用水的内部联系和外部影响。具体而言,供水和用水的内部联系主要有3个方向,一是用水户对供水源有胁迫作用,供水源受到胁迫后可以约束用水户的行为,进而减轻对供水源的胁迫,两者之间形成负反馈机制。二是供水源可以支撑用水户的发展,用水户发展之后可以优化水资源开发系统,并进一步提高对用水户的支撑能力,进而在两者之间形成正反馈机制。三是在正负反馈机制的交互作用下,更为复杂反馈关系。外部影响主要是受社会要素、经济要素和政策要素的综合作用。

中国水利绿色发展的实现与内部联系和外部影响有着密切的关系,从实际情况看,区域范围内的资源禀赋、产业结构、知识性禀赋影响了水资源开发。结合社会要素、经济要素、资源要素和政策要素的分析,水资源的开发中不同要素各自承担着不同角色。以知识禀赋、技术进步、城镇化率和人口密度等构成的社会要素作为水资源开发的行为动机,为产业结构、人均GDP构成的经济要素提供了源动力。社会要素对以环境规制为主的政策要素的影响主要表现为良好生态环境的需求和生态破坏的制约。从全国层面看,社会要素对水资源利用既有正向作用,又有负向作用。由于社会发展地区差异,科技进步、城镇化率、人口密度和居民受教育水平均会不同。社会要素的正向作用一是来自科技进步,社会节水技术的提升,进而节约了水资源,降低了水资源利用量,从而使其被控制在限制总量范围内。二是城镇化率的提高,通过提升城市的规模效益进而提高区域用水效率。三是人口密度。人口密度在一定程度上反映了社会人口对水资源的需要,包括直接引水等生活用水的需要,还有对于水作为中间要素的产品的需要。人口密度的提高可以减少水利基本设施建设的边际成本,也就是说等量供水设施可以被更多的人共用。当然,如果人口密度过大,也会给水资源承载力带来威胁。负向作用来自教育水平的提升,随着居民教育水平的提升,在现代文明下对生活质量有了更高的要求,如沐浴、高耗水产品的需求提升,引起人均用水量的上升。

水资源开发在以教育水平、科技水平、城镇化率和人口密度为主的社会要素,以产业结构、人均GDP为主的经济要素,以环境规制为主的政策要素的共同作用下,通过基于自身水资源禀赋条件、生态约束的供水能力,基于社会行为的需水总量控制,基于制度建设的政策规制,共同组成了水利绿色发展中水资源合理开发的实现机制。在机制运行过程中,要注重按照"把水资源作为最大的刚性约束"的要求,调整人的行为,纠正人的错误行为,遏制水资源过度开发利用。首先要明确各流域、各区域的可用水量,在地下水超采区要减少地下水用水量,高效利用地表水,适当增加其他水源供水量;其次确定务实管用的用水定额标准;最后以水定需,抑制人口、城市和产业发展中的不合理用水需求。

7.2.2 高效化利用机制

7.2.2.1 水资源利用效率现状

我国当前面临的生态环境问题,归根结底是一个时期以来在快速工业化城镇化进程中对资源过度开发、粗放使用、奢侈浪费造成的。改变传统"大量生产、大量消耗、大量排放"的生产模式和消费模式,把经济活动、人的行为限制在自然资源和生态环境能够承受的限度内,使资源、生产、消费等要素相匹配、相适应,用最少的资源环境代价取得最大的经济效益和社会效益,形成与大量占有自然空间、显著消耗资源、严重恶化生态环境的传统发展方式明显不同的资源利用和生产生活方式。

万元国内生产总值用水量、万元工业增加值用水量和农业灌溉用水效率是衡量水资源利用效率的重要指标。随着我国最严格水资源管理制度的实施,2017年全国万元国内生产总值用水量、万元工业增加值用水量比2010年分别降低了30%和32.9%。全国农田灌溉水总利用系数从2010年的0.501上升至2017年的0.548,提升了9.38%,年均增长1.51%。近年来,我国节水型社会建设有序推进。水利部门把节约用水作为水资源开发利用保护配置调度的前提,全面推进农业、工业、城镇等领域节水。比如,实施大中型灌区续建配套节水改造,推动东北节水增粮、西北节水增效、华北节水压采、南方节水减排,"十三五"以来发展高效节水灌溉面积6 505万亩[①]。同时,加强节水宣传教育,积极营造全民节水的良好风尚。

---

① 1亩≈667m², 1hm²=15亩,全书同。

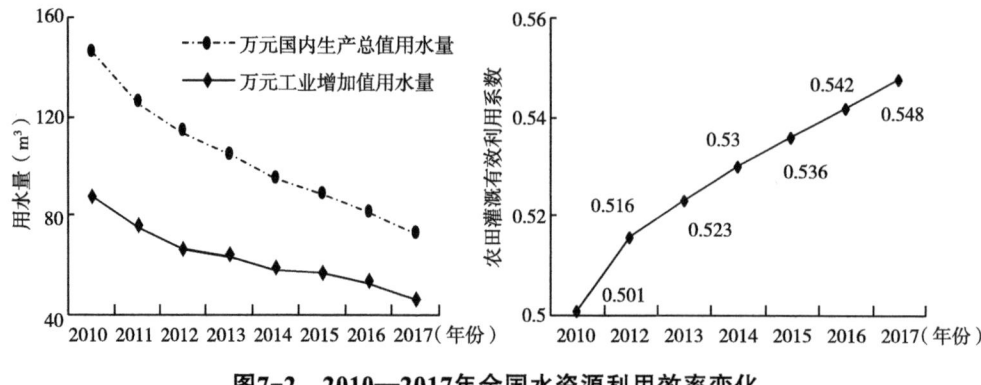

图7-2 2010—2017年全国水资源利用效率变化

Figure 7-2　Change of water resource utilization efficiency in China from 2010 to 2017

7.2.2.2　高效化利用实现机制

水资源的高效化利用是水利绿色发展的重要环节，具有承上启下的作用。水资源的高效利用一方面可以节约水资源量，进而降低需水量，从而能在一定程度上削弱对水资源的开发强度。另一方面，水资源的高效利用能在一定程度上改善环境质量。水资源高效利用效率的提升可以从工业水资源高效利用、城市水资源高效利用和农业水资源高效利用3个重要方向展开。2019年4月，国家发展改革委、水利部联合印发《国家节水行动方案》，全面实施国家节水行动。通过实施总量强度双控、农业节水增效、工业节水减排、城镇节水降损、重点地区节水开源、科技创新引领六大行动，提高各领域、各行业用水效率，增强全民节水意识。

从实际情况看，区域范围内的资源禀赋、产业结构、知识性禀赋影响了水资源利用。结合社会要素、经济要素、资源要素和政策要素的分析，水资源的利用过程中不同影响要素各自承担着不同角色。社会教育水平主要影响居民的节水意识和对节水技术的采纳程度，一方面，教育水平高节水意识可能相对较强，从而自觉节水或积极采纳节水技术；另一方面，教育水平的提升也可能会带来家庭需水量的增加，所以用水定额量化也应考虑。很显然，社会要素中的教育因素需要在提升全民节水意识上发挥作用才能对水资源高效利用带来积极作用，而不仅仅是使其追求更好的生活而导致不必要的水资源浪费。科技进步因素直接影响用水效率的提升，节水工程建设、节水设施配备、非常规水利用技术等都离不开科学技术的支撑。科技进步因素是水资源高效化利用的支撑力量。研制和采用先进的节水工艺、技术和方法，同时加快节水工程和设施建设，加强供水管网监测和改造，降低运输过程中的漏损率。水资源禀赋对水高效利用的驱动主要通过行为主体表现出来。地区水资源禀赋丰沛，可能会导致用水户难以意识到水资源的稀缺，从而忽略节水行为。相反，地区水资源的相对稀缺，会倒逼政府出台相应措施，同时用水户也意识到水资源短缺，用水成本上升，促使水资源利用效率的提升。经济因素对水资源利用效率的作用主要体现在需水量变化、对节水工程的投入和节水技术研发投入，进而影响水资源利用效率。城镇化和人口对水资源高效利用的作用主要表现在规模优势方面，即城镇化和人口密度的提高，在一定程度上有利于区域水资源优化配置。但城镇化对产业的重构也有可能导致用水需求增加、水污染加剧等问题，从而促使水资源高效利用。环境规制是从政府层面对水资源管理采取的措施，政策措施通过以上政策激励或政策约束作用于水资源效率的提高，如水资源统一规划、定制水价、水资源税、节水补偿等。

7.2.3 生态化输出机制

7.2.3.1 水生态现状

据《2017年全国水资源公报》数据，在31省（自治区、直辖市）中重庆优于Ⅲ类河长占比100%，水质状况最优；湖南、新疆、海南、青海、广西、西藏、四川、湖北和云南等优于Ⅲ类河长占比均在90%以上。其余省份水资源质量不容乐观，优于Ⅲ类河长占比在30%左右，其中天津Ⅲ类河长占比最低，仅14.2%，劣Ⅴ类河长占比最高，占58.1%。全国森林覆盖率由2004年的18.2%增加到2018年的23%。建成区绿化覆盖率由2006年的35.1%增加到2018年的41.1%，居民生态环境正逐步改善。全国生态用水比例在2017年已上升至2.68%，较最低水平2004年的1.48%增加了81.08%。尽管如此，仍不可否认，社会经济用水对生态用水的挤占，以及调水工程使流域水资源和水生态问题复杂化等问题依然存在（冯婧，2014），且不容忽视。

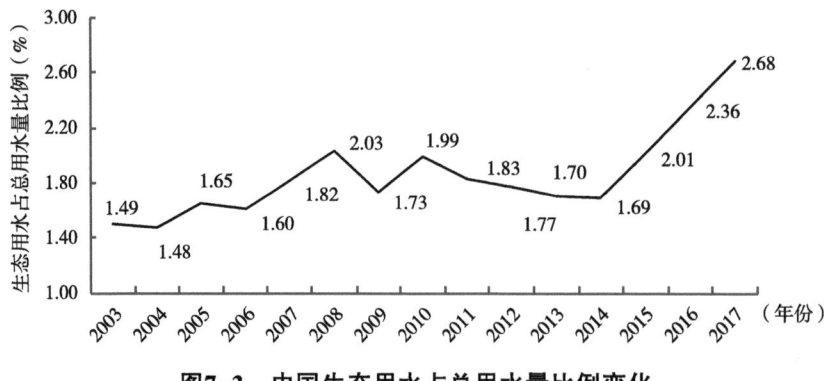

图7-3 中国生态用水占总用水量比例变化

Figure 7-3　Proportion change of ecological water consumption in total water consumption in China

7.2.3.2　生态化输出实现机制

生态化输出是水利绿色发展正外部性的表现之一，主要指水利活动中绿色行为而产生的水环境改善、水生态修复以及居民生活环境的改善。通过优化产业结构和用水结构进而促进水利的生态化输出。生态化输出的实现可以有以下几种优化措施。

（1）加大对成本较高的治污技术的经济投入。

（2）调整产业结构，适当限制高耗水的劳动资源密集型产业，鼓励发展技术—知识密集型的节水高效产业。

（3）将由于高效利用而结余的水资源转而投向生态，改善生态环境。

结合社会要素、经济要素、资源要素和政策要素对水利绿色发展的影响作用，水资源开发利用的生态效益与区域范围内的资源禀赋、产业结构、知识性禀赋、政策规制紧密相关。资源禀赋与环境容量是生态效益输出的首要前提，产业结构对区域水资源承载力和环境消纳能力产生制约作用。反过来，资源禀赋和环境承载力也在一定程度上规制区域发展规模、方向和产业结构布局等。知识禀赋中的教育程度对生态化输出的作用主要是通过居民对美好生态环境的需求，倒逼政府、企业实施生态修复和环境保护措施。知识禀赋中的科技进步因素对水生态效益的提升起支撑作用，如人工湿地、生态沟渠、生物景观塘等水环境治理技术，河道内栖息地加强技术、生态清淤技术等生境修复与生物多样性保护技术，生态需水控制、生态调度控制等环境流调控技术对水生态效益输出产生了积极作用。除此之外，水污染治理相关技术的应用也在一定程度上促进了水生态效益的输出。政策规制在现阶段是水生态效益输出的主要推动力，在水生态治理、流域生态补偿、水生态功能区水质等方面承担着重要作用。

7.2.4 人文化效益机制

7.2.4.1 水文化发展现状

水文化的实质就是以人为文化的主体，以水为文化的客体，在人与水发生联系过程中形成的文化[①]。水文化并不是说水本身就是文化，水只是一个载体，载体是指承载某种事物的物体或介质。人类的饮水、用水、治水、管水、护水、节水、亲水、观水、写水、绘水等重要社会实践活动组成了水文化形成的基础和发展的动力。这里讲的水利绿色发展的人文化效益包括物质层面和精神层面两部分，其中物质层面的人文效益包括水工程、水景观等，精神层面的人文效益包括水文化遗产、水管理文化，如都江堰文化等。水利风景区在维护工程安全、涵养水源、保护生态、改善人居环境、拉动区域经济发展诸方面都有着极其重要的功能作用。截至2017年底，我国国家级水利风景区数量比2008年增加了520个，达到836个，在全国31省（自治区、直辖市）均有分布。这在一定程度上说明，水利的人文化效益正逐步受到保护和重视。但是，目前水文化发展也面临着一些问题，如对水文化的重视程度不足，对水文化的培育体制不完善，水文化遗产保护、水文化发展等的长效机制还不完善。事实上，水文化匮乏是导致水危机的因素之一，人们对水的极端重要性缺乏认知，缺少亲情。

7.2.4.2 人文化效益实现机制

人文化效益是水利绿色发展正外部性的表现之二。人文化效益的实现主要有以下几种作用机理：一是在水利的合理化开发和高效化利用活动中产生的水文化，如节水文化、用水文化、治水文化等。二是水利工程自身形成的水利旅游资源，如国家级水利风景区。三是良好的水生态环境带来的人们对

---

① 来源于水利部网站：http://slfjq.mwr.gov.cn/whkp/201709/t20170914_999900.html。

美好生活的满足。四是其他水文化形式,如开展水文化学习,写水、绘水等人文活动。各要素会促进区域用水方式,提高水资源利用效率,提升水文化培育水平。可见,社会因素、经济因素、政策因素和资源因素对水文化效益的作用主要通过水资源开发和利用过程的行为文化产生影响。换言之,社会经济对水利人文化效益的促进作用以及水利人文影响对社会经济的良性响应主要体现在社会经济发展所带来的结构、质量以及对环境需求的提升,进而促进水利工程建设、水生态修复和水文化管理能力的全面提升,带来水文化效益。反过来,水利绿色发展的水文化效益需求会在一定程度上限制水资源浪费、水生态破坏、水污染等不绿色行为。

在水文化建设方面,内蒙古河套灌区在提升水文化社会效益和人文效益方面做了积极探索。可借鉴的做法主要有:一是建设水利文化提升的长效机制。成立了河套水利文化建设领导小组,组建了科技文化处,自上而下形成了完善有力的水文化工作机构,将水利文化建设纳入责任目标考核,使水利文化建设规范运作。二是注重水文化载体建设。建成了黄河文化旅游主题公园和黄河水利文化博物馆,设计了水资源相关的《市水务大楼落成题记》汉白玉镌刻、《秦汉移民》大型浮雕和大型锻铜壁画《锦绣河套》等文化载体,体现了浓郁的水利文化特色。三是组建水利文化骨干队伍体系。

7.2.5 常规化监管机制

水利绿色发展的有序进行离不开有效的监管机制,所以常规化监管是水利绿色发展的制度保障。新时代水利绿色发展必须创新监管机制,并将其作为核心内容之一。水资源的监管几乎在社会经济发展的各个方面均有体现,如对水资源配置工程规划和布局、取用水、水资源调度、河湖水资源过度开发和地下水超采修复和治理进行监管,在推进重大规划和产业布局问题上需要以水资源论证为前提,以水定需,可以有效限制在缺水地区引进高耗水行业和布局重大工业基地。

水利绿色发展的常规化监管措施可以从以下几方面展开。

7.2.5.1 完善水资源台账制度建设

以农业水资源为例,农业水资源台账是农业水资源台账制度建设的基础,以农业用水为主要研究对象，针对水资源本身以及涉及水资源利用等活动进行综合记录，通过资源清单和建立标准化信息平台的形式，系统量化反映农业水资源数量、质量、时空分布和水资源利用、节约等动态变化情况，以反映农业生产活动对水资源的影响作用。农业水资源台账制度是围绕水资源台账而设立的管理制度总称，包括建立水资源数据和共享中心、水资源监测体系、水资源评价预警和报告制度。主要任务有：一是建立各级农业水资源台账和数据交换共享机制。二是建设农业水资源监测体系。充分利用数据共享制度和现代科技手段，建立健全农业水资源监测体系。三是建立国家重要农业资源台账制度体系，如农业水资源数据采集与共享制度、农业水资源台账管理制度、农业水资源报告发布制度和农业水资源综合评价预警管理制度等。四是定期发布农业水资源报告和农业水资源承载力预警报告。五是制作农业用水空间分布图。利用县级监测数据，制作水资源现状、利用效率空间分布图，为农业生产、资源环境承载力预警提供数据支撑。

7.2.5.2 继续实行最严格水资源管理制度

坚持最严格水资源管理制度，以水定产、以水定城，建设节水型社会。一是加强水资源开发控制红线，划定用水总量。综合考虑水资源的多功能性、生态效益和人文效益，合理制定水资源开发规划，完成水资源论证制度。用水总量定额落实到区县，建立健全水权制度，培育水市场，综合运用政府和市场两只手相辅相成，合理配置水资源。规范取水许可审批管理制度和水资源有偿使用制度。加强地下水管理和保护，实行地下水取用水总量控制和水位控制。二是强化水资源利用效率红线，全面推进节水型社会建设。加强各行业节约用水管理，以农业灌溉用水为例，鼓励地区通过发布灌溉用水定额，明晰初始水权，健全农业水价形成机制，建立精准补贴制度，完善农业用水计量设施等措施，有序推进农业水价综合改革，遏制粗放用水行为。三是加强水功能区限制纳污红线管理，全面保护水生态。限制排污总量，将水质达标评价纳入河湖长制考核体系。划定饮用水水源保护区，保障居民饮水安全。推进全流域综合治理，建设流域生态提升工程，定期开展河湖健康评估，建立健全水生态补偿机制。

7.3 水利绿色发展实现机制的运行机理

综上所述，水利绿色发展合理化开发机制、高效化利用机制、生态化输出机制、人文化效益机制和常规化监管机制共同构成水利绿色发展实现机制，5个方面相互影响、相互作用，缺少任何一项都不完整。合理化开发机制主要是通过政府约束行为来控制水资源开发量起作用；高效化利用机制则是通过技术、观念和制度等手段发挥作用；生态化输出机制主要依托制度和水利自身发展发挥作用；人文化效益层面的机制是通过公众观念和政府行为来发挥作用；常规化监管机制则是通过利益相关者起作用。

合理化开发机制对高效化利用机制产生促进作用。水资源是生产生活的必需品和重要的基础投入资料，水资源用量的定量化和取用水的严格势必使得企业或公众更加节约用水，为达到自己的经济利益，需要利用有限的水资源产出更多的产品或效益。水资源合理化开发机制能促进生态化输出机制的实现。水资源开发的合理化，如降低或禁止地下水开采，能有效防止地下水位下降，从而能在一定程度上避免由于地下水开采而带来的地面沉降、开裂等生态问题。对于地表水而言，上游水资源开发的减少能在一定程度上保证下游生产、生活及生态用水的充足，以更好地维护水资源的生态循环。水资源合理化开发机制能为人文化效益实现机制提供素材。水资源开发的观念、行为等都体现了水利的人文关怀。如定量化开采机制的实施能在社会中形成一种取用水风气，进而形成一种文化。水资源合理开发是水利绿色发展常规化监管的一部分。

高效化利用对水资源合理开发也起促进作用。随着产业结构调整、规模效益的显现，用水效率提高，在总量上节约了水资源，需水量降低，进而开采量减少。在工农业生产中节约的水资源量，一部分可以转化为生态用水，从而推动生态效益输出。高效化利用是一种用水方式，通过开展综合节水、非常规水源的开发利用、水资源优化配置，以及水资源精细化管理等方式提高水资源利用率，这是行为方式，同时也可以形成用水文化，增加水利人文化效益输出。水资源高效化利用是水资源安全供给的重点任务，包括地下水—地表水多维监测，地下水环境风险预测预警等，是水利绿色发展常规化监管的对象和技术支撑。

生态化输出的重要任务之一就是保护水生态环境绿色安全，这能为水资源开发提供良好的生态环境，保证水资源质量和可用量。同时，生态化输出机制又对水资源开发有制约作用，如为了保证和维持水生态，保障水环境，水资源可开发量就受到一定的限制，不能开发无度。生态化输出机制与水资源高效率利用具有相互促进作用，同时又相互制约。水利生态化输出机制要求水资源利用过程中减少对生态环境的影响和破坏，这就要求在用水过程中的高效率、低污染、低浪费，对水资源高效利用提出了新要求。生态化输出机制与人文化效益机制相辅相成，两者相互衬托，彼此促进。生态化输出是水利绿色发展常规化监管的目标。

人文化效益是在取水、用水、水利建设及水资源监测等方面产生的。水利绿色发展的合理化开发、高效化利用和生态化输出机制是水利绿色发展人文化效益的主要载体。如自然水体景观、水利工程景观和水文化景观是水体旅游资源的实现形式，是人类在寻求水利的复合多功能性，以期在利用自然和享受自然中找到平衡点。目前水利工程景观化已十分普遍（黄慧玲，2015）。

常规化监管是水利绿色发展长效机制的重要部分，其目的是监督水利绿色行为、管理效益产出，其实现需要社会、公众和政府共同参与。

7.4 中国水利绿色发展路径选择

7.4.1 绿色发展意识导向：加强水利绿色发展理念的政策引导和文化塑造

人是水利活动的行为主体，习近平总书记在2014年3月14日关于保障水安全讲话中明确提出"治水要从改变自然、征服自然转向调整人的行为、纠正人的错误行为"。人类行为与社会环境主要关注的其实也就是个体在这两个系统之间的相互影响和调适，换句话说，是社会环境中个体的行为变化与成长过程（王瑞鸿，2002）。纠正人的错误行为其实是调整人与人、人与社会之间的关系。而对这种关系的调整，可以有政策引导、文化塑造等多种方式。绿色发展的行动需要理念渗透进而转化为民众的自觉参与，以意识为主导（黄茂兴等，2017）。

制定绿色水利行为导向政策。通过制定产业、水价、生态补偿等相关政策，引导或调整人们的用水行为向绿色发展方式转变。以农业领域相关政策为例，可以通过以下政策措施促使用水户的绿色节水行为。调整农业种植结构，发展适水种植，减少高耗水作物种植，建立科学灌溉制度，轮作休耕制度等。完善推动土地流转制度，通过规模化作业提高节水效率。推进农业水价综合改革，实施收费到户、组织规范的管理体制，提高农业用水效率，实现水资源的可持续利用。但有研究表明，当节水行为本身存在直接经济成本时（如购买和改装成本），水价政策才可能是理想的激励方式（穆泉等，2014）。所以，还需探索建立精准补贴和节水奖励机制，水权内节水调节资金和政府补助资金，按亩返还给用水户；超过水权的节水调节资金和政府补助资金，统筹使用，进而提升农民的节水积极性。

培育社会水利绿色发展意识。已有研究表明，节水意识显著影响节水行为（郝泽嘉等，2010），且居民的节水意愿的提升既有助于提升居民的个人节水行为，又能提升社交节水行为（许冉等，2020）。所以应注重水利绿色发展的文化塑造，一方面要在新时代水利精神"忠诚、干净、担当、科学、求实、创新"指导下，探索解决好水灾害频发、水资源短缺、水生态损害、水环境污染问题。另一方面，要加强全民节水护水意识培育，让水资源绿色使用行为逐步成为公民的自觉行为。

具体做法有：组织编写水资源绿色发展读本，推进水资源节约、水环境保护宣传教育进学校、进家庭、进社区、进工厂、进机关。加大公益广告宣传力度，研发推广水资源相关文化产品。引导公民自觉履行水资源保护责任，逐步转变落后的生活风俗习惯，践行绿色生活方式。

7.4.2 创新科学技术驱动：加强水利绿色技术创新，推进水资源绿色循环发展

水利科学技术进步受人类对美好生活的需要驱动，其目标是在认识自然规律的基础上，对水和人类活动进行调配，以使其满足人类对美好生活需求。水利绿色发展理念更注重水利活动的综合职能的绿色化，即在水资源开发和利用、水环境保护、水生态治理等多方面的绿色行为，以实现水资源节约、水生态效益和人文效益。绿色行为不仅需要发展意识引导，同样也需要科学技术的支撑，如水循环利用新技术、水资源再生技术、水生态修复工艺等，以减少水的取用。从另一方面看，保护水资源不受外界干预，也是水利

绿色发展形式。2020年的《世界水发展报告》提出，水安全与气候变化是未来数十年全球面临的持续而深刻的危机。淡水资源有可能受到气候变化的强烈影响，从而对人类社会和生态系统产生广泛的影响（BATES，2008）。在此背景下，技术创新、知识管理、科学研究和能力建设等方面面临挑战。这些挑战对创新的研究和开发提出新的要求，促进新工具、新方法的创新与应用。因此必须加强水利绿色技术创新，推动水资源的多功能效益。

提升灌溉节水技术的创新与推广。农业节水措施在一定程度上可以增加水的可利用量，世界上有105个国家或地区的农业用水占总用水量的一半以上，其中55个国家的农业用水量占比超过80%。可见，提高农业用水效率对缓解水资源短缺具有重要作用。在节水灌溉科技方面，需要配合灌区开展节水技术改造。从宏观角度，科学定制灌区现代化改造规划，综合考虑水循环和生态需水，确定各地区的实际节水潜力。同时，考虑将灌溉技术与种植结构相结合，因地制宜实施精细农业、水肥一体化技术，在半干旱地区，充分利用科学技术提高农田水分生产效率。

提高水环境保护技术创新能力。在农业节水方面，加大农艺和生物节水技术创新力度。适当安排科研经费，成立科研专项，对节水压采中遇到的技术问题开展研究，通过技术创新推动压采工作的实施。同时，随着气候变化和未来气候的不确定性，需要研发和突破适应气候变化的作物高效用水作物品种、种植制度和节水技术，并与新的农村经济发展相适应，形成地下水压采措施下作物稳产和高水分利用效率同步的技术体系，为农民提供"套餐式"服务。在河湖整治技术方面，充分利用生物—生态技术等高新科技，探究河道泥沙与区域环境的演变规律，改善河湖生态环境。建立以高新技术为基础的洪旱灾害成灾机理、风险评价与防御。

完善水资源实时监测系统。在大数据时代背景下，探索水资源监测系统与互联网科技融合。全球覆盖的高速互联网网络、云计算和虚拟存储能力的增强，极大地促进了数据采集领域的发展。逐步建立水环境实时监测系统，开展水污染分析及对策研究，开展不同类型水域的水体纳污能力的研究，以确定其水环境容量。创新及应用监控耗水量的无线传感器，应用大数据分析技术收集处理与水相关信息和数据的连续流，提取可借鉴的信息和想法用于进一步改善水资源管理。

7.4.3　利益相关者共建：构建政府、企业和公众的共享共建策略

利益相关者（Stakeholder）是组织外部环境中受组织决策和行动影响的任何相关者。水资源具有准公共物品的属性，在开发利用过程中会产生外部性，这就会导致各利益相关者之间的博弈。把水利行为的利益相关方定义为政府、企业和公众，协调三方之间的关系，是实现水利绿色发展有效路径之一。《中华人民共和国水法》规定，"水资源属于国家所有""县级以上人民政府应当加强水利基础设施建设，并将其纳入本级国民经济和社会发展计划""县级以上地方人民政府水行政主管部门按照规定的权限，负责本行政区域内水资源的统一管理和监督工作"。可见，政府部门向公众提供水利公共产品，包括建设用于防洪、灌溉、安全饮水等的基础设施，以及在水土保持、水污染防治、水系景观营造和水生态环境保护方面采取措施等，以给社会公众提供人水和谐的生活生产环境。企业是水资源消费者，同时也可能是水污染产生和治理者。公众是间接受益人或直接履行者。

绿色发展的推进过程是各级经济主体在不同利益之间进行选择并相互博弈的过程。明确利益相关者责任，综合考虑诉求，共同参与治理。在水资源利用问题上，经济主体按照自利原则的用水决策行为，会导致水资源的过度开采和利用（牛文娟等，2016）。而在水资源配置问题上，有学者研究表明，合作博弈带来效益绝对量的增加（付湘等，2016），即利益相关者之间采取合作策略获得的边际贡献期望值更高。在农村水环境治理问题上，有研究指出，公众的参与能提高企业的治理成效，政府的监督成本也随之降低；而政府查处污染概率的提升能有效降低公众维权次数（杜焱强等，2015）。在以水污染治理问题上，中国的环保工作大都是"政府主导型"，在环保工作中企业处在被动位置，公众对政府形成依赖，参与意识较弱。而水污染治理是社会集体行为，需要各利益相关方共同参与才能达到效果最优。可见，政府、公众和企业之间可以形成相互监督、相互促进的关系。水利绿色发展涉及水资源合理开发、水资源高效利用、水环境治理和水生态修复等诸多问题，更需要政府、公众和企业之间形成共享共建机制，推动水利绿色发展前进。

7.4.4　综合管理体制保障：完善水资源绿色发展管理制度

一个综合的、全面的水管理办法对环境是有益的（Kees et al.，2009）。

水资源综合管理（IWRM）在20世纪90年代初被正式提出，此后有关理念和方法逐渐发展（Snellen et al., 2004）。多数学者都普遍认同IWRM的定义，"在不损害重要生态系统可持续性的条件下，以公平的方式促进水、土地及相关资源的协调开发和管理，以使经济和社会福利最大化"（李原园等，2018）。IWRM包括管理或开发一个区域的所有物理、生物和社会经济变量，来保护环境价值和可持续发展（Hooper, 2003）。水资源综合管理既包括地下水也包括地表水，同时对水质和水量均有考查。结合中国的水利发展实际，要实现水利绿色发展，需要建立和完善水资源综合管理体制。水资源优化配置的经济手段有水权、水价与水市场，明晰产权，完善资源有偿使用制度。优化区域水资源与土地资源、能源之间的关系，建立资源合理化开发利用机制。

7.5 本章小结

水利绿色发展是一个受多种因素影响和制约的复杂动态系统，理顺各因素与水利绿色发展之间的复杂关系，识别出能实现水利绿色发展目标的作用原理和内在联系，进而理顺水利绿色发展实现机制。结合水利绿色发展的"五化"核心内涵，本章对水利绿色发展机制进行分析，并讨论水利绿色发展的路径选择。

（1）水利绿色发展合理化开发机制、高效化利用机制、生态化输出机制、人文化效益机制和常规化监管机制共同构成水利绿色发展实现机制，5个方面相互影响、相互作用，缺少任何一项都不完整。合理化开发机制主要是通过政府约束行为来控制水资源开发量起作用；高效化利用机制是通过技术、观念和制度等手段发挥作用；生态化输出机制主要依托制度和水利自身发展发挥作用；人文化效益层面的机制是通过公众观念和政府行为来发挥作用；常规化监管机制则是通过利益相关者起作用。

（2）在厘清水利绿色发展机制的基础上，提出水利绿色发展的路径选择，一是加强水利绿色发展理念的政策引导和文化塑造，强化绿色发展意识导向。二是通过提高绿色创新技术，推进水资源绿色循环发展。三是明确利益相关者责任，综合考虑诉求，实施共同参与管理策略。四是完善水资源绿色发展管理制度，建立水资源综合管理保障体制。

8 主要结论

本研究基于可持续发展、循环经济和绿色发展等相关理论，结合国家环境、经济、社会等统计数据，综合运用耦合协调度模型、空间统计分析、空间面板Tobit模型等方法，在构建水利绿色发展理论框架的基础上，对中国31省（自治区、直辖市）2010—2017年水利绿色发展水平进行测度，明确了我国水利绿色发展的空间格局，探讨了其主要障碍因子，系统分析了东、中、西部地区水利绿色发展水平的影响因素，并进一步阐明了中国水利绿色发展的机制和路径选择，为因地制宜推进水利绿色发展提供支撑和参考。

一是构建了水利绿色发展理论框架。在梳理文献和理论分析的基础上，阐明了水利绿色发展的概念和内涵。总结了水利绿色发展的"五化"内涵特征：水资源合理化开发，包括总量限制和供水水源结构优化；高效化利用，包括提高水资源的经济产出效率，减少运输损失，提升水资源重复利用率；水利生态化输出，主要指增加生态福利和减少生态损失；人文化效益，主要包括公众绿色发展意识，以及依托水利而发展的旅游资源和文化资源；常规化监管，主要指水资源利用和保护的监管和管理体制的常规化。在此基础上，构建了水利绿色发展双维度关联分析框架，"经济—社会—生态"系统维度和"输入—响应—输出"维度。

二是提出了水利绿色发展定量测算方法。基于水利绿色发展的"五化"核心内涵和双维度关联关系，提炼了能表征"经济—社会—生态"维度和"输入—响应—输出"维度信息及其关联关系的17项综合指标，搭建了水利绿色发展双维度关联指标评价矩阵。借鉴耦合协调度模型，结合水利绿色发展的双维度关联特性，提出了水利绿色发展"经济—社会—生态"维度和"输入—响应—输出"维度内经济子系统、社会子系统、生态子系统、输入子系统、响应子系统和输出子系统综合指数测算方法，"经济—社会—生态"维度耦合协调度、"输入—响应—输出"维度耦合协调度测算方法和水利绿色发展指数定量测算方法。最终，测度的水利绿色发展指数表示区域水利绿色发展水平，指数值越大，表明水利绿色发展水平越高。

三是揭示了中国水利绿色发展时空特征。中国水利绿色发展水平呈现逐年上升趋势。2010—2017年中国水利绿色发展水平呈现逐年上升的趋势，2010年中国水利绿色发展指数为0.338，2017年上升至0.390，增长了15.45%。研究期内，中国31个省（自治区、直辖市）中，约有9.68%的省（自治区、直辖市）水利绿色发展水平逐年递增。中国水利绿色发展水平呈现东部高于中部，中部高于西部的分布格局。东部地区水利绿色发展水平一直处在三大区域的首位，2010—2017年水利绿色发展水平平均值为0.39；其次是中部地区，平均值为0.36；西部地区水利绿色发展水平最低，平均值为0.34。中国水利绿色发展存在较强的空间正相关性，空间集聚特征明显。全局莫兰指数整体呈现上升趋势，表明中国各省（自治区、直辖市）水利绿色发展水平的空间趋同性不断减弱，空间异质性程度不断增强。中国水利绿色发展冷热点空间格局具有一定的稳定性。北京、天津、河北、山西、上海、江苏、安徽、山东、河南和湖北一直处于热点区，新疆、青海、西藏一直处于冷点区，可以看出，大部分省（自治区、直辖市）的水利绿色发展受邻域单元溢出效应的影响较小，自身因素对其水利绿色发展空间结构的改变影响较大。

四是识别出了水利绿色发展的影响因素。知识动机和资源动机对水利绿色发展的影响作用存在区域差异性。中部和西部地区教育程度对水利绿色发展产生负效应，而在东部产生正向作用；东部和西部科技进步因素对水利绿色发展的正向作用是该因素对水利绿色发展产生正向影响的重要原因。人均水资源量在东、西部样本中均呈现出对水利绿色发展的负向影响作用，在中部地区则产生了正向作用。控制变量废水中COD排放强度在东、中、西部地区对水利绿色发展均产生负向作用，说明环境规制对水利绿色发展的推动作用在全国范围内适用。其余控制变量在中、东、西部地区的影响作用有所差异。产业结构在东部和西部样本区域内均对水利绿色发展水平产生负向影响，在中部样本却呈现正向作用。人均GDP仅在西部地区与水利绿色发展水平负相关。城镇化率对水利绿色发展的正向作用主要表现在中部和西部地区正向影响。人口密度对水利绿色发展的正向作用主要表现在中部样本中，在东部和西部人口密度则产生了相反的影响作用。这在一定程度上说明，促进水利绿色发展的方式应因地制宜实施，精准施策。

五是建立了水利绿色发展的实现机制。基于水利绿色发展的"五化"核心内涵和影响因素研究，阐述了水利绿色发展实现机制及其路径选择。水利绿色发展实现机制由水资源合理化开发机制、高效化利用机制、生态化输出机制、人文化效益机制和常规化监管机制共同构成，这5个方面相互影响、相互作用。合理化开发机制主要是通过政府约束行为来控制水资源开发量起作用；高效化利用机制则是通过技术、观念和制度等手段发挥作用；生态化输出机制主要依托制度和水利自身发展发挥作用；人文化效益层面的机制是通过公众观念和政府行为来发挥作用；常规化监管机制则是通过利益相关者起作用。在此基础上，提出水利绿色发展的路径选择：加强水利绿色发展理念的政策引导和文化塑造，强化绿色发展意识导向；通过提高绿色创新技术，推进水资源绿色循环发展；明确利益相关者责任，综合考虑诉求，实施共同参与管理策略；完善水资源绿色发展管理制度，建立水资源综合管理保障体制。

参考文献

白颖，王红瑞，许新宜，等，2010. 水资源利用效率及评价方法若干问题研究[J]. 水利经济，28（3）：1-4.

贝荣塔，周跃，何敏，2010. 土壤中氮磷和滇池水体污染的潜在关系[J]. 西北林学院学报，25（2）：30-34.

蔡壮，黄金峰，2013. 东北黑土区水土流失防治工程建后管护模式研究[J]. 吉林大学社会科学学报，53（3）：16-22.

陈磊，吴继贵，王应明，2015. 基于空间视角的水资源经济环境效率评价[J]. 地理科学，35（12）：1568-1574.

陈强，2014. 高级计量经济学与Stata应用[M]. 北京：高等教育出版社.

陈岩，冯亚中，王蕾，2019. 基于熵权—云模型的流域水资源脆弱性评价与关键脆弱性辨识——以海河流域为例[J]. 资源开发与市场，35（4）：477-484.

程晓陶，2008. 加强水旱灾害管理的战略需求与治水方略的探讨[J]. 水利学报（10）：1197-1203.

程钰，王晶晶，王亚平，等，2019. 中国绿色发展时空演变轨迹与影响机理研究[J]. 地理研究，38（11）：2745-2765.

楚行军，2015. 国际《水伦理宪章》研制的进展与思考[J]. 重庆理工大学学报（社会科学），29（4）：108-112.

崔俊富，邹一南，陈金伟，2016. 大数据时代的经济学研究：数据驱动范式[J]. 广东财经大学学报，31（1）：4-12.

大卫·皮尔斯，1997. 绿色经济的蓝图[M]. 北京：北京师范大学出版社.

代思龙，伊紫函，2018. 改进的PCA-LINMAP法在水利现代化后评价中的应用研究[J]. 水利规划与设计（9）：107-111.

邓凌云，邢文刚，于涛，等，2018. 水利风景区水文化展示系统影响因素分析[J]. 水利经济，36（3）：63-69.

邓宗兵，吴朝影，封永刚，等，2014. 中国区域公共服务供给效率评价与差异性分析[J]. 经济地理，34（5）：28-33.

邸尚志，2007. 从西安水环境历史变迁探讨水资源合理开采利用之策[C]. 环境保护法制建设理论研讨会：161-168.

丁绪辉，高素惠，贺菊花，2019. 区域创新系统效率时空分异及驱动因素研究——基于水生态安全视角[J]. 华东经济管理，33（1）：74-79.

丁绪辉，贺菊花，王柳元，2018. 考虑非合意产出的省际水资源利用效率及驱动因素研究——基于SE-SBM与Tobit模型的考察[J]. 中国人口·资源与环境，28（1）：157-164.

杜焱强，苏时鹏，孙小霞，2015. 农村水环境治理的非合作博弈均衡分析[J]. 资源开发与市场，31（3）：321-326.

方颖，纪衎，赵扬，2011. 中国是否存在"资源诅咒"[J]. 世界经济，34（4）：144-160.

冯婧，2014. 气候变化对黑河流域水资源系统的影响及综合应对[D]. 上海：东华大学.

付湘，陆帆，胡铁松，2016. 利益相关者的水资源配置博弈[J]. 水利学报，47（1）：38-43.

傅春，冯尚友，2000. 水资源持续利用（生态水利）原理的探讨[J]. 水科学进展（4）：436-440.

高明秀，吴姝璇，2018. 资源环境约束下黄河三角洲盐碱地农业绿色发展对策[J]. 中国人口·资源与环境，28（S1）：60-63.

高益民，2009. 创新人才培养与新世纪日本研究生教育改革[J]. 比较教育研究，31（11）：46-52.

高志刚，尤济红，2015. 环境规制强度与中国全要素能源效率研究[J]. 经济社会体制比较（6）：111-123.

郜晓雯，2019. 中国水资源绿色效率影响因素研究[D]. 大连：辽宁师范大学.

郭付友，侯爱玲，佟连军，等，2018. 振兴以来东北限制开发区绿色发展水平时空分异与影响因素[J]. 经济地理，38（8）：58-66.

郭付友，吕晓，于伟，等，2020. 山东省绿色发展水平绩效评价与驱动机制——基于17地市面板数据[J]. 地理科学，40（2）：200-210.

郭庆海, 2015. 玉米主产区: 困境、改革与支持政策——基于吉林省的分析[J]. 农业经济问题, 36 (4): 4-10.

韩春辉, 左其亭, 宋梦林, 等, 2015. 我国治水思想演变分析[J]. 水利发展研究, 15 (5): 75-80.

韩琴, 孙才志, 邹玮, 2016. 1998—2012年中国省际灰水足迹效率测度与驱动模式分析[J]. 资源科学, 38 (6): 1179-1191.

韩榕桑, 1993. 北宋《农田利害条约》[J]. 中国水利 (9): 25-27.

韩怡, 2017. 流域水资源保护冲突的博弈研究[J]. 能源与环保, 39 (11): 20-23.

韩增林, 许旭, 2008. 中国海洋经济地域差异及演化过程分析[J]. 地理研究 (3): 613-622.

郝汉舟, 汤进华, 翟文侠, 等, 2017. 湖北省绿色发展指数空间格局及诊断分析[J]. 世界地理研究, 26 (2): 91-100.

郝淑双, 2018. 中国绿色发展水平时空分异及影响因素研究[D]. 武汉: 中南财经政法大学.

郝淑双, 朱喜安, 2019. 中国区域绿色发展水平影响因素的空间计量[J]. 经济经纬, 36 (1): 10-17.

郝泽嘉, 王莹, 陈远生, 等, 2010. 节水知识、意识和行为的现状评估及系统分析——以北京市中学生为例[J]. 自然资源学报, 25 (9): 1618-1628.

何爱平, 安梦天, 2019. 地方政府竞争、环境规制与绿色发展效率[J]. 中国人口·资源与环境, 29 (3): 21-30.

侯纯光, 程钰, 任建兰, 等, 2017. 科技创新影响区域绿色化的机理——基于绿色经济效率和空间计量的研究[J]. 科技管理研究, 37 (8): 250-259.

胡鞍钢, 周绍杰, 2014. 绿色发展: 功能界定、机制分析与发展战略[J]. 中国人口·资源与环境, 24 (1): 14-20.

胡鞍钢, 2012. 中国创新绿色发展[M]. 北京: 中国人民大学出版社.

胡和平彭祥, 2005. 博弈论视角下节水型社会制度建设的基本内涵、组成结构与基本表征[J]. 中国水利 (13): 53-55.

华坚, 刘秀, 李晶晶, 2018. 河南省水利工程系统与"经济—社会—水域生态"复合系统的协调度评价[J]. 水利经济, 36 (5): 1-6.

黄慧玲, 2015. 南水北调中线干渠(河南段)沿线旅游空间结构构建研究. 经济地理, 35 (8): 196-199.

黄建欢，吕海龙，王良健，2014. 金融发展影响区域绿色发展的机理——基于生态效率和空间计量的研究[J]. 地理研究，33（3）：532-545.

黄娟，2017. 科技创新与绿色发展的关系——兼论中国特色绿色科技创新之路[J]. 新疆师范大学学报（哲学社会科学版），38（2）：33-41.

黄娟，王幸楠，2015. 北欧国家绿色发展的实践与启示[J]. 经济纵横（7）：122-125.

黄磊，吴传清，2019. 长江经济带城市工业绿色发展效率及其空间驱动机制研究[J]. 中国人口·资源与环境，29（8）：40-49.

黄茂兴，叶琪，2017. 马克思主义绿色发展观与当代中国的绿色发展——兼评环境与发展不相容论[J]. 经济研究，52（6）：17-30.

黄素珍，鲁洋，杨晓英，等，2019. 安徽省黄山市绿色发展时空趋势研究[J]. 长江流域资源与环境，28（8）：1872-1885.

黄显峰，刘展志，方国华，2017. 基于云模型的水利现代化评价方法与应用[J]. 水利水电科技进展，37（6）：54-61.

贾兵强，2016. 新常态下我国水文化研究综述[J]. 南水北调与水利科技，14（6）：201-208.

江孝君，杨青山，耿清格，等，2019. 长江经济带生态—经济—社会系统协调发展时空分异及驱动机制[J]. 长江流域资源与环境，28（3）：493-504.

姜翠玲，王俊，2015. 我国生态水利研究进展[J]. 水利水电科技进展，35（5）：168-175.

姜文来，2012. 利水型社会[M]. 北京：中国水利水电出版社：99-114.

姜文来，2005. 绿色水利及其与节水型社会关系研究[J]. 中国水利（13）：44-46.

姜文来，2016. 水利绿色发展[M]. 北京：中国水利水电出版社：6-13.

焦翔，2019. 我国农业绿色发展现状、问题及对策[J]. 农业经济（7）：3-5.

康绍大，王健，2016. 科技进步与城市低碳经济发展的互动效应研究[J]. 宏观经济研究（8）：116-122.

康亚静，李光，侯震，2015. 建设绿色水利工程改善海河流域生态环境[J]. 水科学与工程技术（5）：95-96.

孔珂，解建仓，岳新利，等，2005. 水市场的博弈分析[J]. 水利学报（4）：491-495.

雷玉桃，黄丽萍，2015. 中国工业用水效率及其影响因素的区域差异研究——基于SFA的省际面板数据[J]. 中国软科学（4）：155-164.

李方正，胡楠，李雄，等，2016. 海绵城市建设背景下的城市绿地系统规划响应研究[J]. 城市发展研究，23（7）：39-45.

李健，刘召，2019. 中国三大城市群绿色全要素生产率空间差异及影响因素[J]. 软科学，33（2）：61-64.

李琳，张佳，2016. 长江经济带工业绿色发展水平差异及其分解——基于2004—2013年108个城市的比较研究[J]. 软科学，30（11）：48-53.

李梦欣，任保平，2019. 中国特色绿色发展道路的阶段性特征及其实现的路径选择[J]. 经济问题（10）：32-38.

李梦雅，胡蓓蓓，周俊，等，2013. 天津市民水资源保护意识定量评价[J]. 干旱区资源与环境，27（7）：17-22.

李秋萍，李长健，2015. 流域水资源生态补偿效率测度研究——以中部地区城市宜昌市为例[J]. 求索（10）：34-38.

李胜兰，初善冰，申晨，2014. 地方政府竞争、环境规制与区域生态效率[J]. 世界经济，37（4）：88-110.

李盛阳，张晓武，邢立宁，2005. 基于灵敏度分析的动态指标选取方法[J]. 计算机仿真（3）：120-123.

李文华，2013. 基于博弈论的图书馆人力资源管理问题研究[D]. 哈尔滨：黑龙江大学.

李晓西，刘一萌，宋涛，2014. 人类绿色发展指数的测算[J]. 中国社会科学（6）：69-95.

李晓西，潘建成，2011. 中国绿色发展指数的编制——《2010中国绿色发展指数年度报告——省际比较》内容简述[J]. 经济研究参考（2）：36-64.

李雪娇，何爱平，2016. 绿色发展的制约因素及其路径拿捏[J]. 改革（6）：90-99.

李友生，2004. 农业水资源可持续利用的经济分析[D]. 南京：南京农业大学.

李原园，曹建廷，黄火键，等，2018. 国际上水资源综合管理进展[J]. 水科学进展，29（1）：127-137.

李志龙，毛德华，冯畅，2013. 澧南垸堤防工程综合风险分析[J]. 自然灾害学报，22（3）：265-274.

李宗新，2000. 生命之源的精灵——水文化[J]. 华北水利水电学院学报（社科版）（1）：26-29.

栗欣如，尤飞，2017. 基于ESDA的广西木薯种植空间布局演变研究[J]. 中国农学通报，33（5）：139-145.

梁松涛，姜姗，2017. 白洋淀淀群水资源治理开发的历史考察[J]. 河北大学学报（哲学社会科学版），42（3）：105-111.

林永生，晏凌，2012. 2012中国绿色发展指数报告发布暨绿色经济研讨会综述[J]. 经济学动态（10）：152-154.

刘昌明，1999. 中国21世纪水供需分析：生态水利研究[J]. 中国水利（10）：18-20.

刘恩云，常明明，2016. 国内绿色发展研究前沿述评[J]. 贵州财经大学学报（3）：105-110.

刘海龙，石培基，李生梅，等，2014. 河西走廊生态经济系统协调度评价及其空间演化[J]. 应用生态学报，25（12）：3645-3654.

刘聚涛，李荣昉，2013. 江西省水资源特征变化分析[J]. 江西水利科技，39（1）：61-65.

刘文强，孙永广，顾树华，等，2002. 水资源分配冲突的博弈分析[J]. 系统工程理论与实践（1）：16-25.

刘秀兰，2013. 四川民族地区农村水利建设的发展及其存在的问题探讨[J]. 西南民族大学学报（人文社会科学版），34（10）：133-137.

刘杨，杨建梁，梁媛，2019. 中国城市群绿色发展效率评价及均衡特征[J]. 经济地理，39（2）：110-117.

卢春天，洪大用，2011. 建构环境关心的测量模型基于2003中国综合社会调查数据[J]. 社会，31（1）：35-52.

卢强，吴清华，周永章，等，2013. 工业绿色发展评价指标体系及应用于广东省区域评价的分析[J]. 生态环境学报，22（3）：528-534.

卢越，张晓，2018. 博弈模型视角下的跨界水污染研究及政策含义[J]. 生态经济，34（2）：175-178.

鲁春阳，文枫，杨庆媛，等，2011. 基于改进TOPSIS法的城市土地利用绩效评价及障碍因子诊断——以重庆市为例[J]. 资源科学，33（3）：535-541.

马成文，2018. 我国区域人民美好生活水平评价分析[J]. 齐齐哈尔大学学报（哲学社会科学版）（10）：70-73.

马海良，黄德春，张继国，等，2012. 中国近年来水资源利用效率的省际差异：技术进步还是技术效率[J]. 资源科学，34（5）：794-801.

马婷，王乃岳，2013. 水利支撑经济社会发展能力评价指标体系构建及实证研究[J]. 水利经济，31（6）：8-12.

毛春梅，陈苡慈，孙宗凤，等，2011. 新时期水文化的内涵及其与水利文化的关系[J]. 水利经济，29（4）：63-66.

毛慧慧，王勇，董琳，2011. 海河流域水利与经济社会协调发展定量评价[J]. 干旱区资源与环境，25（10）：44-47.

梅泽本，夏泉，马吉刚，2004. 从"绿色文化"到绿色水利的思考[C]. 山东水利学会第九届优秀学术论文集：32-35.

孟宪萌，胡和平，2009. 基于熵权的集对分析模型在水质综合评价中的应用[J]. 水利学报，40（3）：257-262.

穆建新，吕振豫，许迪，等，2016. 农田水利现代化评价指标体系及评价方法研究[J]. 中国农村水利水电（8）：33-40.

穆泉，张世秋，马训舟，2014. 北京市居民节水行为影响因素实证分析[J]. 北京大学学报（自然科学版），50（3）：587-594.

牛文娟，王伟伟，邵玲玲，等，2016. 政府强互惠激励下跨界流域一级水权分散优化配置模型[J]. 中国人口·资源与环境，26（4）：148-157.

牛文全，2006. 微压滴灌技术理论与系统研究[D]. 杨凌：西北农林科技大学.

欧建锋，程吉林，2012. 江苏水利现代化评价指标体系研究[J]. 灌溉排水学报，31（5）：12-15.

潘安娥，陈丽，2014. 湖北省水资源利用与经济协调发展脱钩分析——基于水足迹视角[J]. 资源科学，36（2）：328-333.

彭向训，2001. 水资源开发利用中水量与水质控制的对策分析[J]. 湖南水利水电（4）：30-31.

钱争鸣，刘晓晨，2015. 环境管制与绿色经济效率[J]. 统计研究，32（7）：12-18.

秦书生，胡楠，2017. 中国绿色发展理念的理论意蕴与实践路径[J]. 东北大学学报（社会科学版），19（6）：631-636.

裘江海，2006. 以绿色水利推进浙江省节水型社会的建设[J]. 水利水电技术（1）：53-55.

任嘉敏，马延吉，2018. 东北老工业基地绿色发展评价及障碍因素分析[J]. 地理科学，38（7）：1042-1050.

任阳军，汪传旭，李伯棠，等，2019. 产业集聚对中国绿色全要素生产率的影响[J]. 系统工程，37（5）：31-40.

沈大军，陈传友，苏人琼，1995. 水资源利用历史回顾及水资源合理利用[J]. 自然资源（3）：39-44.

石贝贝，王金营，2014. 人口发展变化对区域消费影响的实证研究——基于中国省级区域的数据[J]. 人口研究，38（1）：77-89.

石敏俊，刘艳艳，2013. 城市绿色发展：国际比较与问题透视[J]. 城市发展研究，20（5）：140-145.

孙爱军，方先明，2010. 中国省际水资源利用效率的空间分布格局及决定因素[J]. 中国人口·资源与环境，20（5）：139-145.

孙才志，谢巍，邹玮，2011. 中国水资源利用效率驱动效应测度及空间驱动类型分析[J]. 地理科学，31（10）：1213-1220.

唐霞，张志强，王勤花，等，2015. 黑河流域历史时期水资源开发利用研究[J]. 干旱区资源与环境，29（7）：89-94.

佟德志，刘琳，2019. 美好生活需要与中国社会主要矛盾的变迁分析——基于1990—2012年世界价值观调查（WVS）数据的分析[J]. 理论与改革（2）：39-50.

涂正革，甘天琦，2019. 中国农业绿色发展的区域差异及动力研究[J]. 武汉大学学报（哲学社会科学版），72（3）：165-178.

万金红，宫辉力，杜梅，2018. 用千年水文化助力文化中心建设[J]. 前线（1）：78-81.

王兵，唐文狮，吴延瑞，等，2014. 城镇化提高中国绿色发展效率了吗?[J]经济评论（4）：38-49.

王昉，万烁，2011. 北京水务信息化发展历程及展望[J]. 北京水务（4）：60-62.

王海芹，高世楫，2016. 我国绿色发展萌芽、起步与政策演进：若干阶段性特征观察[J]. 改革（3）：6-26.

王浩，游进军，2016. 中国水资源配置30年[J]. 水利学报，47（3）：265-271.

王连芬，许树柏，1990. 层次分析法引论[M]. 北京：中国人民大学出版社：1-86.

王玲玲，张艳国，2012. "绿色发展"内涵探微[J]. 社会主义研究（5）：143-146.

王录仓，高静，2014. 基于灌区尺度的聚落与水土资源空间耦合关系研究——以张掖绿洲为例[J]. 自然资源学报，29（11）：1888-1901.

王琦，陈才，2008. 产业集群与区域经济空间的耦合度分析[J]. 地理科学（2）：145-149.

王庆，王先甲，2006. 基于博弈论的水权交易市场研究[J]. 水利经济（1）：16-18.

王瑞鸿，2002. 人类行为与社会环境[M]. 上海：华东理工大学出版社.

王天鸽，2017. 公共博弈视角下我国农村公共池塘型资源研究——以农村水资源环境治理为例[J]. 农村经济与科技，28（17）：56-57.

王小鲁，2000. 中国经济增长的可持续性与制度变革[J]. 经济研究（7）：3-15.

王亚华，2005. 关注经济欠发达地区如何建设节水型社会[C]. 节水型社会建设高层论坛：50-54.

王亚华，黄译萱，2012. 中国水利现代化进程的评价和展望[J]. 中国人口·资源与环境，22（6）：120-127.

王亚华，黄译萱，唐啸，2013. 中国水利发展阶段划分：理论框架与评判[J]. 自然资源学报，28（6）：922-930.

王亚华，张宁，施祖麟，2006. 海河流域水生态环境破坏的经济损失估算[J]. 中国农村水利水电（1）：33-37.

王亚平，任建兰，程钰，2017. 科技创新对绿色发展的影响机制与区域创新体系构建[J]. 山东师范大学学报（人文社会科学版），62（4）：68-76.

邬晓燕，2014. 绿色发展及其实践路径[J]. 北京交通大学学报（社会科学版），13（3）：97-101.

吴传清，黄磊，2017. 演进轨迹、绩效评估与长江中游城市群的绿色发展[J]. 改革（3）：65-77.

吴丹，2016. 流域水利发展水平评价方法研究——以淮河流域为例[J]. 资源科学，38（7）：1323-1335.

吴丹，2015. 中国水利绿色现代化发展进程评价与战略构想[J]. 中国人口·资源与环境，25（9）：114-123.

吴丹，2014. 中国经济发展与水资源利用脱钩态势评价与展望[J]. 自然资源学报，29（1）：46-54.

吴丹，王亚华，马超，2017. 北大荒农业现代化的绿色发展模式与进程评价[J]. 农业现代化研究，38（3）：367-374.

习近平，2016. 为建设世界科技强国而奋斗——在全国科技创新大会、两院院士大会、中国科协第九次全国代表大会上的讲话[M]. 北京：人民出版社：12.

解学梅，霍佳阁，臧志彭，2015. 环境治理效率与制造业产值的计量经济分析[J]. 中国人口·资源与环境，25（2）：39-46.

向婧怡，张红举，陈力，等，2018. 基于内容分析法的水生态文明概念及评价指标探讨[J]. 中国人口·资源与环境, 28（S1）: 169-175.

肖加元, 刘潘, 2018. 财政支出对环境治理的门槛效应及检验——基于2003—2013年省际水环境治理面板数据[J]. 财贸研究, 29（4）: 68-79.

肖楠, 2019. 习近平的绿色发展理念：背景·内涵·意义[J]. 中共云南省委党校学报, 20（5）: 72-76.

邢华, 赵景华, 2012. 流域与区域水利发展协调性评价——以淮河流域为例[J]. 中国人口·资源与环境, 22（10）: 7-12.

徐生霞, 刘强, 陆小莉, 2019. 中国区域发展不平衡的四维模式分解及影响因素研究——基于门限回归模型的测度[J]. 经济问题探索（4）: 13-26.

徐瑜, 2013. 水利与国民经济社会协调发展关系实证分析与评价[J]. 吉林水利（5）: 57-60.

许冉, 王延荣, 王文彬, 等, 2020. 城镇居民节水行为模式研究——基于31个省会城市的抽样调查数据[J]. 干旱区资源与环境, 34（1）: 56-62.

许宪春, 任雪, 常子豪, 2019. 大数据与绿色发展[J]. 中国工业经济（4）: 5-22.

杨骞, 刘华军, 2015. 污染排放约束下中国农业水资源效率的区域差异与影响因素[J]. 数量经济技术经济研究, 32（1）: 114-128.

杨骞, 武荣伟, 王弘儒, 2017. 中国农业用水效率的分布格局与空间交互影响：1998—2013年[J]. 数量经济技术经济研究, 34（2）: 72-88.

杨宜勇, 吴香雪, 杨泽坤, 2017. 绿色发展的国际先进经验及其对中国的启示[J]. 新疆师范大学学报（哲学社会科学版）, 38（2）: 18-24.

杨增文, 郑金刚, 杨婷, 等, 2011. 关于水利现代化的探讨[J]. 水利发展研究, 11（5）: 44-47.

易小兵, 王小军, 黄锦林, 2013. 区域水利——社会经济协调度评价与综合水平空间差异分析[J]. 节水灌溉（4）: 57-63.

易小燕, 吴勇, 尹昌斌, 等, 2018. 以色列水土资源高效利用经验对我国农业绿色发展的启示[J]. 中国农业资源与区划, 39（10）: 37-42.

易莹莹, 2016. 中国基本公共服务支出效率及其溢出效应测度[J]. 城市问题（1）: 64-70.

尹云松, 孟枫平, 糜仲春, 2004. 流域水资源数量与质量分配双重冲突的博弈分析[J]. 数量经济技术经济研究（1）: 136-140.

于法稳, 2018. 新时代农业绿色发展动因、核心及对策研究[J]. 中国农村经济

（5）：19-34.

余凤龙，黄震方，尚正永，2012. 水利风景区的价值内涵、发展历程与运行现状的思考[J]. 经济地理，32（12）：169-175.

余亮亮，蔡银莺，2015. 基于农户满意度的耕地保护经济补偿政策绩效评价及障碍因子诊断[J]. 自然资源学报，30（7）：1092-1103.

喻开志，吕笑月，黄楚蘅，2016. 四川省科技创新对区域经济增长的直接影响及其溢出效应[J]. 财经科学（7）：111-120.

袁华锡，刘耀彬，2019. 金融集聚与绿色发展——基于水平与效率的双维视角[J]. 科研管理，40（12）：126-143.

张海涛，谢新民，钟玉秀，等，2013. 基于模糊聚类循环迭代模型的地方水利发展现状评价[J]. 水电能源科学，31（8）：135-139.

张华，王礼力，2019. 中国农业水贫困评价及时空特征分析[J]. 资源科学，41（1）：75-86.

张欢，罗畅，成金华，等，2016. 湖北省绿色发展水平测度及其空间关系[J]. 经济地理，36（9）：158-165.

张乐勤，陈素平，2018. 基于偏最小二乘通径分析方法的科技创新对用水效率边际效应的测度与分析[J]. 水利水电科技进展，38（1）：55-62.

张玲玲，丁雪丽，沈莹，等，2019. 中国农业用水效率空间异质性及其影响因素分析[J]. 长江流域资源与环境，28（4）：817-828.

张明国，2012. 马克思主义自然观概述[J]. 北京化工大学学报（社会科学版）（4）：1-6.

张宁，张媛媛，2011. 城市居民生活用水行为及其对需求的影响分析[J]. 杭州电子科技大学学报，31（6）：155-158.

张乾元，苏俐晖，2017. 绿色发展的价值选择及其实现路径[J]. 新疆师范大学学报（哲学社会科学版），38（2）：25-32.

张荣峰，罗运龙，2001. 浅论生态水利[J]. 水利经济（5）：1-5.

张锐，刘友兆，2013. 我国耕地生态安全评价及障碍因子诊断[J]. 长江流域资源与环境，22（7）：945-951.

张巍，韩军，周绍杰，2019. 中国城镇居民用水需求研究[J]. 中国人口·资源与环境，29（3）：99-109.

张向前，金式容，2001. 有关水资源问题若干博弈分析[J]. 国土资源科技管理

（3）：19-21.

张秀琴，2013. 气候变化背景下我国农业水资源管理的适应对策[D]. 杨凌：西北农林科技大学.

张宇，蒋殿春，2014. FDI、政府监管与中国水污染——基于产业结构与技术进步分解指标的实证检验[J]. 经济学（季刊），13（2）：491-514.

张玥，乔琦，姚扬，等，2015. 国家级经济技术开发区绿色发展绩效评估[J]. 中国人口·资源与环境，25（6）：12-16.

张云飞，2019. "四个一"：新时代生态文明前进的科学路标[J]. 思想政治教育研究，35（5）：35-43.

张兆吉，雒国中，王昭，等，2009. 华北平原地下水资源可持续利用研究[J]. 资源科学，31（3）：355-360.

张振龙，孙慧，苏洋，等，2017. 中国西北干旱地区水资源利用效率及其影响因素[J]. 生态与农村环境学报，33（11）：961-967.

张子龙，王开泳，陈兴鹏，2015. 中国生态效率演变与环境规制的关系——基于SBM模型和省际面板数据估计[J]. 经济经纬，32（3）：126-131.

赵传松，任建兰，陈延斌，等，2018. 中国科技创新与可持续发展耦合协调及时空分异研究[J]. 地理科学，38（2）：214-222.

赵卉卉，王远，王义琛，等，2012. 南京市公众环境意识总体评价与影响因素分析[J]. 长江流域资源与环境，21（4）：406-411.

赵会顺，陈超，胡振琪，等，2018. 天山北坡经济带城市土地集约利用评价及障碍因素分析[J]. 农业工程学报，34（20）：258-266.

赵建军，2015. 绿色化是生态文明建设重要标志[J]. 新重庆（7）：26-27.

赵军，马小平，魏伟，2014. 近50年黑河流域潜在植被的演替及生态环境变化研究[J]. 草业学报，23（5）：61-68.

赵良仕，孙才志，郑德凤，2014. 中国省际水资源利用效率与空间溢出效应测度[J]. 地理学报，69（1）：121-133.

赵群，2018. 基于AHP与BP神经网络的辽宁省农村水利现代化评价[J]. 黑龙江水利科技，46（9）：186-190.

赵卫华，2015. 居民家庭用水量影响因素的实证分析——基于北京市居民用水行为的调查数据考察[J]. 干旱区资源与环境，29（4）：137-142.

赵晓霞，傅春，王宫水，2019. 基于超效率DEA Malmquist指数的长江流域绿色发展效率评价[J]. 生态经济, 35（8）: 46-49.

郑尚植, 宫芳, 2015. 中国式分权、地方官员自利行为与环境治理效率——基于Dea-Tobit面板数据的实证研究[J]. 上海经济研究（4）: 15-21.

周柯, 王尹君, 2019. 环境规制、科技创新与产业结构升级[J]. 工业技术经济, 38（2）: 137-144.

周莉, 2019. 乡村振兴背景下西藏农业绿色发展研究[J]. 西北民族研究（3）: 116-127.

周亮, 车磊, 周成虎, 2019. 中国城市绿色发展效率时空演变特征及影响因素[J]. 地理学报, 74（10）: 2027-2044.

周晓飞, 雷国平, 徐珊, 2012. 城市土地利用绩效评价及障碍度诊断——以哈尔滨市为例[J]. 水土保持研究, 19（2）: 126-130.

周昕薇, 宫辉力, 赵文吉, 等, 2006. 北京地区湿地资源动态监测与分析[J]. 地理学报（6）: 654-662.

周玉玺, 胡继连, 周霞, 2003. 流域水资源产权的基本特性与我国水权制度建设研究[J]. 中国水利（11）: 16-18.

周志家, 2011. 环境保护、群体压力还是利益波及厦门居民PX环境运动参与行为的动机分析[J]. 社会, 31（1）: 1-34.

朱金波, 邱立春, 2016. 天津水务信息化建设研究[J]. 科技视界（25）: 278-368.

朱婧, 孙新章, 刘学敏, 等, 2012. 中国绿色经济战略研究[J]. 中国人口·资源与环境, 22（4）: 7-12.

朱曼, 曹宏博, 2016. 工业园区企业循环用水研究——以杭州市为例[J]. 经营与管理（10）: 131-133.

诸大建, 2012. 绿色经济新理念及中国开展绿色经济研究的思考[J]. 中国人口·资源与环境, 22（5）: 40-47.

邹君, 刘媛, 谭芳慧, 等, 2018. 传统村落景观脆弱性及其定量评价——以湖南省新田县为例[J]. 地理科学, 38（8）: 1292-1300.

邹胜章, 杨苗清, 陈宏峰, 等, 2019. 地下河系统水动态监测网络优化对比分析：以桂林海洋—寨底地下河系统为例[J]. 地学前缘, 26（1）: 326-335.

AFONSO A, FERNANDES S, 2008. Assessing and Explaining the Relative Efficiency of Local Government[J]. Journal of Socio-Economics, 37（5）: 1946-1979.

ARMAN G, DAVAR K, MOHAMMAD K, 2007. Development of Stochastic

Dynamic Nash Game Model for Reservoir Operation. I. The symmetric Stochastic Model with Perfect Information[J]. Advances in Water Resources（30）：528-542.

AZEVEDO D L, GABRIEF T, GATES T K, 2000. Integration of Water Quantity and Quality in Strategic River Basin Planning[J]. Water Resource Planning Management, 126（2）：85-97.

BATES B C, KUNDZEWICZ Z W, WU S, et al., 2008. Climate Change and Water Technical Paper of the Intergovernmental Panel on Climate Change[R]. IPCC Secretariat, Geneva.

BHAKDISONGKHRAM T, KOOTTATEP S, TOWPRAYOON S, 2007. A Water Model for Water and Environmental Management at Mae Moh Mine Area in Thailand[J]. Water Resource Management, 21：1535-1552.

CAMPBELL S G, HANNA R B, FLUG M, et al., 2001. Modeling Klamath River System Operations for Quantity and Quality[J]. Water Resource Planning Management, 127（5）：284-294.

CHEN L L, ZHANG X D, HE F, et al., 2019. Regional Green Development Level and Its Spatial Relationship Under the Constraints of Haze in China[J]. Journal of Cleaner Production, 210：376-387.

CROKE B F W, TICEHURST J L, LETCHER R A, 2007. Integrated Assessment of Water Resources: Australian Experiences[J]. Water Resource Management, 21（1）：351-373.

DING F, TANG D S, DAI H C, et al., 2014. Human-Water Harmony Index: a New Approach to Assess the Human Water Relationship[J]. Water Resource Management, 28（4）：1061-1077.

FENG C, WANG M, LIU G C, et al., 2017. Green Development Performance and Its Influencing Factors: A Global Perspective[J]. Journal of Cleaner Production, 144：323-333.

GUO Y H, TONG L J, MEI L, 2020. The Effect of Industrial Agglomeration on Green Development Efficiency in Northeast China Since the Revitalization[J]. Journal of Cleaner Production, 258：120584.

HOOPER B P, 2011. Integrated Water Resources Management and River Basin Governance[J]. Water Resources Update, 126：12-20.

HUANG G H, XIA J, 2001. Barriers to Sustainable Water-Quality Management[J]. Journal of Environmental Management, 61（1）: 1-23.

LOVICIGA H A, 2004. Analytic Game-Theoretic Approach to Ground-Water Extraction[J]. Journal of Hydrology, 297（1）: 22-33.

ZHAO J M, LI M, GUO P, et al., 2017. Agricultural Water Productivity-Oriented Water Resources Allocation Based on the Coordination Of Multiple Factors[J]. Water, 9（7）: 1-22.

JOHN M S, 1982. Evolution and the theory of games[M]. Cambridge: Cambridge University Press.

LEENDERTSE K, MITCHELL S, HARLIN J, 2009. IWRM and the Environment: A View on Their Interaction and Examples Where IWRM Led to Better Environmental Management in Developing Countries[J]. Water Wheel, 34（6）: 691-698.

KOSSA R, RAJABU M, 2007. Use and Impacts of the River Basin Game in Implementing Integrated Water Resources: Management in Mkoji Sub-Catchment in Tanzania[J]. Agricultural Water Management（94）: 63-72.

LESAGE J P, 1997. Bayesian estimation of limited dependent variable spatial autoregressive models[J]. International Regional Science Review, 32（1）: 19-35.

LI H Q, ZHAO Y Y, ZHENG F, 2020. The Framework of an Agricultural Land-Use Decision Support System Based on Ecological Environmental Constraints[J]. Science of The Total Environment, 717: 137149.

LI K, LIN B Q, 2015. Measuring Green Productivity Growth of Chinese Industrial Sectors During 1998-2011[J]. China Economic Review, 36: 279-295.

LI M, FU Q, SINGH V P, et al., 2020. Managing Agricultural Water and Land Resources with Tradeoff Between Economic, Environmental, and Social Considerations: A Multi-Objective Non-Linear Optimization Model Under Uncertainty[J]. Agricultural Systems, 178: 102685.

LI W, XI Y Q, WU F M, et al., 2019. Green Development Performance of Water Resources and Its Economic-Related Determinants[J]. Journal of Cleaner Production, 239: 118048.

LI X W, DU J G, LONG H Y, 2019. Theoretical Framework and Formation

Mechanism of the Green Development System Model in China[J]. Environmental Development, 32: 100465.

Liu Y F, Sun D S, Wang H J, et al., 2020. An Evaluation of China's Agricultural Green Production: 1978-2017[J]. Journal of Cleaner Production, 243: 118483.

LUITEN J P A, GROOT S, 1992. Modeling Quantity and Quality of Surface Waters in the Netherlands: Policy Analysis of Water Management for the Netherlands[J]. European Water Pollution Control (2): 23-33.

MOLINA-MATURANO J, SPEELMAN S, STEUR H D, 2020. Constraint-Based Innovations in Agriculture and Sustainable Development: A Scoping Review[J]. Journal of Cleaner Production, 246: 119001.

PAILLÉ P, VALÉAU P, RENWICK D W, 2020. Leveraging Green Human Resource Practices to Achieve Environmental Sustainability[J]. Journal of Cleaner Production, 260: 121137.

PAREDES J, LUND J, 2006. Refill and Drawdown Rules for Parallel Reservoirs: Quantity and Quality[J]. Water Resource Management, 20: 359-376.

PHILIP J G, PANAYIOTIS M, ROBERT W W, 1999. Public Sector Technical Inefficiency In Large USA Cities[J]. Journal of Urban Economics, 46 (2): 278-299.

PLATE E J, 1993. Sustainable Development of Water Resources: A Challenge to Science and Engineering[J]. Water International, 18 (2): 84-94.

ZUO Q T, ZHAO H, MAO C C, 2015. Quantitative Analysis of Human-Water Relationships and Harmony-Based Regulation in the Tarim River Basin[J]. Journal of Hydrologic Engineering, 20 (8): 1-11.

LI R H, GUO P, SHI M J, 2018. Regional Water Use Structure Optimization Under Multiple Uncertainties Based on Water Resources Vulnerability Analysis[J]. Water Resource Management, 32 (5): 1827-1847.

REN L, WANG M, LI C, 2002. Impacts of Human Activity on River Runoff in the Northern Area of China[J]. Journal of Hydrology, 261 (1): 204-217.

RICHTER B, BEHNISCH M, 2019. Integrated Evaluation Framework for Environmental Planning in the Context of Compact Green Cities[J]. Ecological Indicators, 96 (2): 38-53.

SAID A, 2006. The Implementation of a Bayesian Network for Watershed Management Decisions[J]. Water Resources Management, 20(4): 591-605.

RAQUEL S, FERENC S, EMERY C, et al., 2007. Application of game theory for a groundwater conflict in Mexico[J]. Journal of Environmental Management, 84: 560-571.

SNELLEN W B, SCHREVEL A, 2004. IWRM: for sustainable use of water; 50 years of international experience with the concept of integrated water resources management[C].Background document to the FAO/Netherlands Conference on Water for Food and Ecosystems.

WANG J F, CHENG G D, GAO Y G, et al., 2008. Optimal Water Resource Allocation in Arid and Semi-Arid Areas[J]. Water Resources Management, 22(2): 239-258.

WANG M X, ZHAO H H, CUI J X, et al., 2018. Evaluating Green Development Level of Nine Cities Within The Pearl River Delta, China[J]. Journal of Cleaner Production, 174: 315-323.

WEIBULL J, 1998. Evolution, Rationality and Equilibrium in Games[J]. European Economic Review, 42(3-5): 641-649.

WRIGHT D L, HOWELL D T, 1977. Application of Gaming-simulation to Water Resources Planning[J]. Ifac Proceedings Volume, 10(7): 263-269.

WU H T, LI Y W, HAO Y, et al., 2020. Environmental Decentralization, Local Government Competition, and Regional Green Development: Evidence from China[J]. Science of The Total Environment, 708: 135085.

ZHANG X, HU H, XU J G, 2011. Coordination of Urbanization and Water Ecological Environment In Shayinghe River Basin, China[J]. Chinese Geographical Science, 21(4): 476-495.

XU X B, LEE L F, 2015. Maximum Likelihood Estimation of a Spatial Autoregressive Tobit Model[J]. Journal of Econometrics, 188(1): 264-280.

YANG X, WANG X C, ZHOU Z Y, 2018. Development Path of Chinese Low-Carbon Cities Based on Index Evaluation[J]. Advances in Climate Change Research, 9(2): 144-153.

YANG Y Y, GUO H X, CHEN L F, et al., 2019. Regional Analysis of the Green

Development Level Differences in Chinese Mineral Resource-Based Cities[J]. Resources Policy, 61: 261-272.

YUAN B L, XIANG Q L, 2018. Environmental Regulation, Industrial Innovation and Green Development of Chinese Manufacturing: Based on an Extended Cdm Model[J]. Journal of Cleaner Production, 176: 895-908.

YUAN Q Q, YANG D W, YANG F, et al., 2020. Green Industry Development in China: An Index Based Assessment from Perspectives of Both Current Performance and Historical Effort[J]. Journal of Cleaner Production, 250: 119457.

YUAN W H, LI J C, MENG L, et al., 2019. Measuring the Area Green Efficiency and the Influencing Factors in Urban Agglomeration[J]. Journal of Cleaner Production, 241: 118092.

ZHU B Z, ZHANG M F, HUANG L Q, et al., 2020. Exploring the Effect of Carbon Trading Mechanism on China's Green Development Efficiency: A Novel Integrated Approach[J]. Energy Economics, 85: 104601.

ZHU B Z, ZHANG M F, ZHOU Y H, et al., 2019. Exploring the Effect of Industrial Structure Adjustment on Interprovincial Green Development Efficiency in China: A Novel Integrated Approach[J]. Energy Policy, 134: 110946.

专题研究1

Spatio-temporal Analysis of Irrigation Water Use Coefficients in China

Xinru Li, Wenlai Jiang, Dingding Duan

Institute of Agricultural Resources and Regional Planning of Chinese Academy of Agricultural Sciences, Beijing, China

Abstract: Water shortage is a major problem for agriculture in many countries. Agricultural water accounts for more than 60% of total water consumption in China. Improving agricultural strategies in using irrigation water more effectively and efficiently is important to alleviate water shortages and associated environmental problems. In this study, the spatiotemporal distribution differences of farmland irrigation water use coefficient in large, medium and small-scale irrigation districts and pure well irrigation districts in the 31 provinces of China (excluding Hong Kong, Macao and Taiwan) were analyzed by means such as the Zipf's law and spatial autocorrelation. The results showed that the national farmland irrigation water use coefficient had increased from 0.501 in 2010 to 0.542 in 2016. By size of irrigation area, the farmland irrigation water use coefficient in small irrigation areas was higher than that of large- and medium-scale irrigation districts. Regionally, the farmland irrigation water use coefficient in the eastern region was significantly higher than that in the western region, and the coefficient in northern region was higher than that in

---

本文收录于Journal of Environmental Management（Volume 262）。详见https://doi.org/10.1016/j.jenvman.2020.110242。

the southern region. The spatial spillover effect of the national farmland irrigation water use coefficient gradually weakened, and the spatial spillover effect of large and medium-scale irrigation districts was not obvious. The spatial spillover effect of pure well irrigation districts varied greatly over time. All these results give a spatiotemporal overview of agricultural water use in China, which provides an important reference for how to allocate water resources.

Key words: Water management; Irrigation water usage coefficient; Zipf's law; Spatial autocorrelation; Temporal and spatial variation; Spatial spillover effect

1. Introduction

China's agricultural water consumption accounts for 62.38% of the country's total water use. Irrigation water accounts for more than 90% of the agricultural water consumption (Jiang et al., 2018). Effective use of limited water resources by improving methods to more efficiently use irrigation water is important to alleviate water scarcity and its associated environmental problems in the world today (Deng et al., 2006). Therefore, water usage and consumption is a constant focus for improvement in agriculture (Jiang et al., 2018). Assessing and improving the efficiency of irrigation water utilization is a hot topic in international water resources management for food security (Rodrigues et al., 2010; Wang et al., 2015).

Researchers have developed various measures of calculating the coefficients to analyze spatial changes and increase the coefficients related to water usage. Ali and Klein (2014) estimated the technical efficiency (TE) scores and the Malmquist total factor productivity (TFP) indices in order to establish benchmarks of water use. the quantitative and economic efficiency of water use can be improved by the selection of crop types and irrigation methods (Lee and Jung, 2018). While, it is doubtful that whether improving irrigation water efficiency is water saving. Mateos and Araus (2016) review the strategies for engineering, agronomical, breeding and physiological pathways for the effective and efficient use of water in agriculture, stating that engineering solutions for water conservation at farm level do not imply basin-scale water conservation. Thus, it is worthful to analyze irrigation water saving in a large level.

In addition to the irrigation scale, irrigation water use efficiency is affected by various factors. Studies have shown that irrigation area (Fu et al., 2017), irrigation methods (Hassanli et al., 2010; Wang et al., 2016), irrigation strategies (Sun et al., 2015), planting density (Trentacoste et al., 2015), precipitation (Ali and Klein, 2014), and chemical inputs (Karagiannis et al., 2003) are influential factors of irrigation water use efficiency. With all these essentials, Water use, in general, is affected by many other factors such as technology, economic developments, conditions of water resources and geographical climate, thus irrigation water use efficiency has changed over time and space. Temporal and spatial distribution characteristics of irrigation water use are the bases for the irrigation water optimization.

Irrigation plays a fundamental role in global food provision, with increasing emphasis on the higher value, year-round commodities demanded by an increasingly affluent world (Turral et al., 2010). According to the processes influencing irrigation efficiency off- and on-farm (Pereira et al., 2015), the farmland irrigation water use coefficient is an important indicator for the irrigation water consumed fraction, which is defined as the ratio of the amount of net irrigation water used by crops at a certain time or within a certain time period to the total irrigation water diverted from the head of the water source. Thus, we applied the farmland irrigation water use coefficient in our study. Based on the rank-size rule and spatial autocorrelation analysis method, we analyzed the rank-size characteristics of the farmland irrigation water use coefficient at different irrigation scales in China and its 31 provinces (excluding Hong Kong, Macao and Taiwan) from 2010 to 2016. Additionally, using the global autocorrelation and local autocorrelation indexes, the spatial variation of the farmland irrigation water use coefficient was determined and discussed.

2. The calculation process and data sources

2.1 Definition

Farmland irrigation water use coefficient, as defined by the *Technical Guidelines for the Measurement and Analysis of the Irrigation Water Use Coefficient in the*

Country[①] and based on the calculation method for canal head and tail water, is the ratio between the water can be used by the crops and water withdrawal from headwaters.

It is calculated as follows:

$$\eta = W_o / W_t \tag{1}$$

Where η is the farmland irrigation water use coefficient; W_o is the total amount of water applied to the field that can be used by the crops, m^3; and W_t is the total amount of water withdrawal from headwaters.

2.2 The calculation of the farmland irrigation water use coefficient in the sample irrigation districts

First, select the sample districts from large-scale districts (designed irrigation area ($A \geqslant 20\ 000\text{ha}$)), medium-scale districts ($666.67\text{ha} \leqslant A < 20\ 000\text{ha}$), small-scale districts ($A < 666.67\text{ha}$) and pure well irrigation districts (where only well water was pumped for irrigation).

Second, measure the irrigation water use of the sample irrigation districts. Calculate the annual net irrigation water use and total water use intake from headwaters. For dry land crops and wetland crops, the measurement methods are different (China irrigation and drainage development center, 2018).

Third, calculate the farmland irrigation water use coefficient of the sample irrigation districts.

$$\eta_s = \frac{W_{sn}}{W_{sg}} \tag{2}$$

Where, η_s is the farmland irrigation water use coefficient in the sample irrigation districts; W_{sn} is the annual net irrigation water use of the sample districts, m^3; W_{sg} is the annual total water use from the headwaters in the sample irrigation districts, m^3.

2.3 The framework of national and provincial coefficient calculation

According to the sample irrigation districts' coefficient, we constructed a

---

[①] From *Technical Guidelines for the Measurement and Analysis of the Irrigation Water Use Coefficient in the Country*, published by the Ministry of Water Resources of the People's Republic of China.

relatively stable national and provincial coefficient measurement and analysis technology framework (Figure 1). The measurement process is described in the *Technical Guidelines for the Measurement and Analysis of the Irrigation Water Use 5180 Coefficient in the Country.*

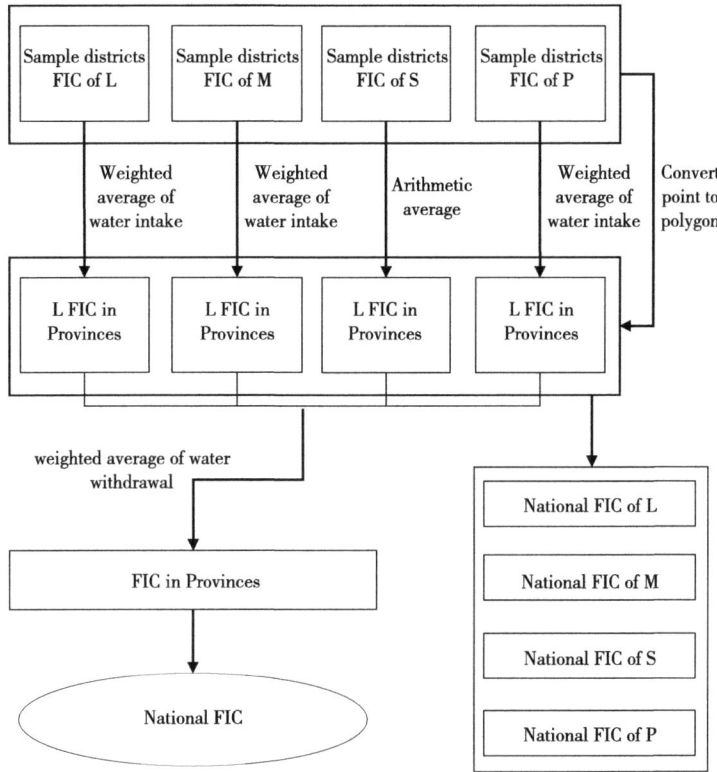

Figure 1　The framework of farmland irrigation water use coefficient measurement

Remarks: FIC indicates the farmland irrigation water use coefficient, L, M, S and P are separately indicates the Large-scale irrigation districts, Medium-scale irrigation districts, Small-scale irrigation districts and Pure well irrigation districts.

2.4 Data Sources

The data was obtained from the calculated results of 2010, 2012, 2013, 2014, 2015 and 2016 by the Ministry of Water Resources of China. Due to missing data, calculations were not made for 2011. The data in this article mainly includes the farmland irrigation water use coefficient of the nation and provinces (including autonomous regions or municipalities) and their large-scale, medium-scale and small-scale irrigation districts and pure well irrigation districts. The locations of the study encompass the whole country of China and its 31 provinces (autonomous regions or municipalities) while excluding Hong Kong, Macao and Taiwan.

3. Methods

3.1 Zipf's law

Zipf's law (also called rank-size distribution), seen an empirical law formulated by using mathematical statistics, refers to the fact that types of data studied in the physical and social sciences can be approximated with a Zipfian distribution, which is one of a family of related discrete power law probability distributions (Zipf G K, 1935, 1949). The application of Zipf's law can be found in broad fields, which include geography (Ectors et al., 2018; Jiang et al., 2002), physics (Ectors et al., 2018), biology (Kot et al., 2003), and economics (Furceri, 2008), in which the statistical description of ranked sequences takes up its major interests. Farmland irrigation water use coefficient is the result of cross factors, which is within the application range of the Zipf's law. Whether the coefficient distribution fits in the Zipf's law, we use the algorithm of Fu (2016):

$$P_i = P_1 R_i^{-q} (R_i = 1, 2, \cdots, n) \qquad (3)$$

Where n is the number of provinces, R_i is the order of the province i, P_i is the farmland irrigation water use coefficient of the province, which is the position i, when all farmland irrigation water use coefficients are sorted from highest to lowest, P_1 represents the provincial farmland irrigation water use coefficient which is in the first order, and q is the Zipf coefficient (Surhone et al., 2010; Cheng et al., 2012; Tsiotas, 2016). Depending on (1) when $q>1$ and the larger the q, the greater the difference between the highest provincial coefficient and the lowest; (2) when $q=1$, the farmland irrigation water use coefficient is in an equilibrium distribution under natural conditions; and (3) when $q<1$, the small q indicates the smaller difference between the highest and the lowest coefficients in the research objects; (4) when $q \to \infty$ and $P_i \to 0$, then there is only one research object; (5) When $q \to 0$, $P_i \to 1$, $P_i = P_1$, indicating that farmland irrigation water use coefficient is equal for each research object.

3.2 Spatial autocorrelation

Global Spatial Autocorrelation was used to describe the performance status of the farmland irrigation water use coefficients at a spatial range. It can explain the similarity of the attribute values between adjacent areas to determine whether there is spatial agglomeration of the regional farmland irrigation water use coefficients. This paper used the Global Moran's I index to measure the concentration of farmland irrigation water use coefficients in a regional space:

$$I = \frac{\sum_{i=1}^{n}\sum_{j=1}^{n}W_{ij}(a_i - \overline{a})(a_j - \overline{a})}{S^2 \sum_{i=1}^{n}\sum_{j=1}^{n}W_{ij}} \quad (4)$$

Where n represents the total number of subjects; a_i and a_j respectively represent the farmland irrigation water use coefficients of the region i and region j, $\overline{a}$ represents the average of all attribute values; and W_{ij} represents the spatial weight value, if the two regions are spatially adjacent, the value is 1, if not it is 0. The value of Moran's I is between -1 and 1. When $I<0$, it indicates that the farmland irrigation water use coefficient is negatively correlated in the global regions; when $I>0$, it indicates a positive correlation; and when $I=0$, it indicates that there is no spatial correlation and the farmland irrigation water use coefficients is randomly distributed.

The local indicators of spatial association (LISA) method was used to examine the local spatial agglomeration, that is, spatial non-stationarity (Anselin, 1995). This paper used LISA statistical indicators to identify spatial local imbalances and reflect the spatial agglomeration patterns of farmland irrigation water use coefficients in different spatial locations. The local Moran's index decomposes the global Moran index into various research units, and the calculation formula is:

$$I_i = \frac{(a_i - \overline{a})}{S_a^2} \sum_{j=1}^{n}[w_{ij}(a_j - \overline{a})] \quad (5)$$

Where S_a is the standard deviation corresponding to a_i and a_j; and $Z_i = \frac{(a_i - \overline{a})}{S_i^a}$ is the Standardized variable. If I_i is significantly positive and $Z_i > 0$, they signify that the observations of the study unit and its surrounding areas are relatively high, which belongs to HH agglomeration. If I_i is significantly positive and $Z_i < 0$, they indicate that the observations of the study unit and its surrounding areas are relatively low, which belongs to LL agglomeration. If I_i is significantly negative and $Z_i > 0$, they indicate that the observation value of the research unit is much lower than its surrounding areas, which belongs to HL accumulation. If I_i is significantly negative and $Z_i < 0$, then the observed value of the study unit is much higher than that of the surrounding areas, and it belongs to LH aggregation.

4. Time series analysis of farmland irrigation water use coefficients

4.1 Annual change

The national farmland irrigation water use coefficients increased annually (Figure 2). It increased from 0.501 in 2010 to 0.542 in 2016, with an increase of 8.184%. The national farmland irrigation water use coefficients in large-scale irrigation districts increased from 0.454 in 2010 to 0.492 in 2016, with an average annual increase of 0.006 3. The medium-scale irrigation areas' coefficients increased from 0.467 in 2010 to 0.508 in 2016, with an increase of four percentage points. The coefficients of the small-scale irrigation districts increased from 0.503 in 2010 to 0.538 in 2016, with an increase of 6.958%. The coefficients of pure well irrigation districts increased 8.065% from 0.682 in 2010 to 0.737 in 2016.

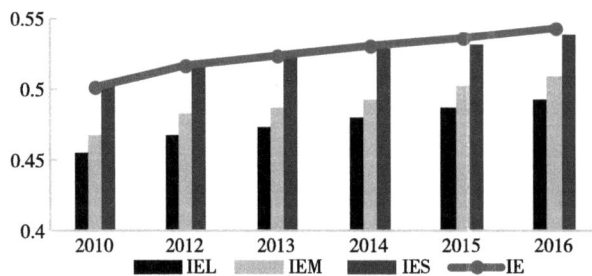

Figure 2   Change of national farmland irrigation water use coefficient in 2010-2016

Remarks: The data in 2011 was missing and thus not shown in all figures; IEL indicates the farmland irrigation water use coefficient in large-scale irrigation areas, IEM indicates the farmland irrigation water use coefficient in medium-sized irrigation areas, IES indicates the farmland irrigation water use coefficient in small-scale irrigation areas, and IEP indicates the farmland irrigation water use coefficient in pure-well irrigation areas.

In order to analyze the scale distribution of national farmland irrigation water use coefficients in different types of irrigation districts, the scatter plots of the scale order of the 31 provincial-level administrative regions from 2010 to 2016 and the corresponding irrigation water use efficiency coefficients were drawn (Figure 3). The figure showed that the range of coefficients in large-scale irrigation districts from 2010 to 2016 was mainly distributed between 0.376–0.586, coefficients in medium-scale irrigation districts was between 0.391–0.702, coefficients in small-scale irrigation areas was between 0.343–0.737,

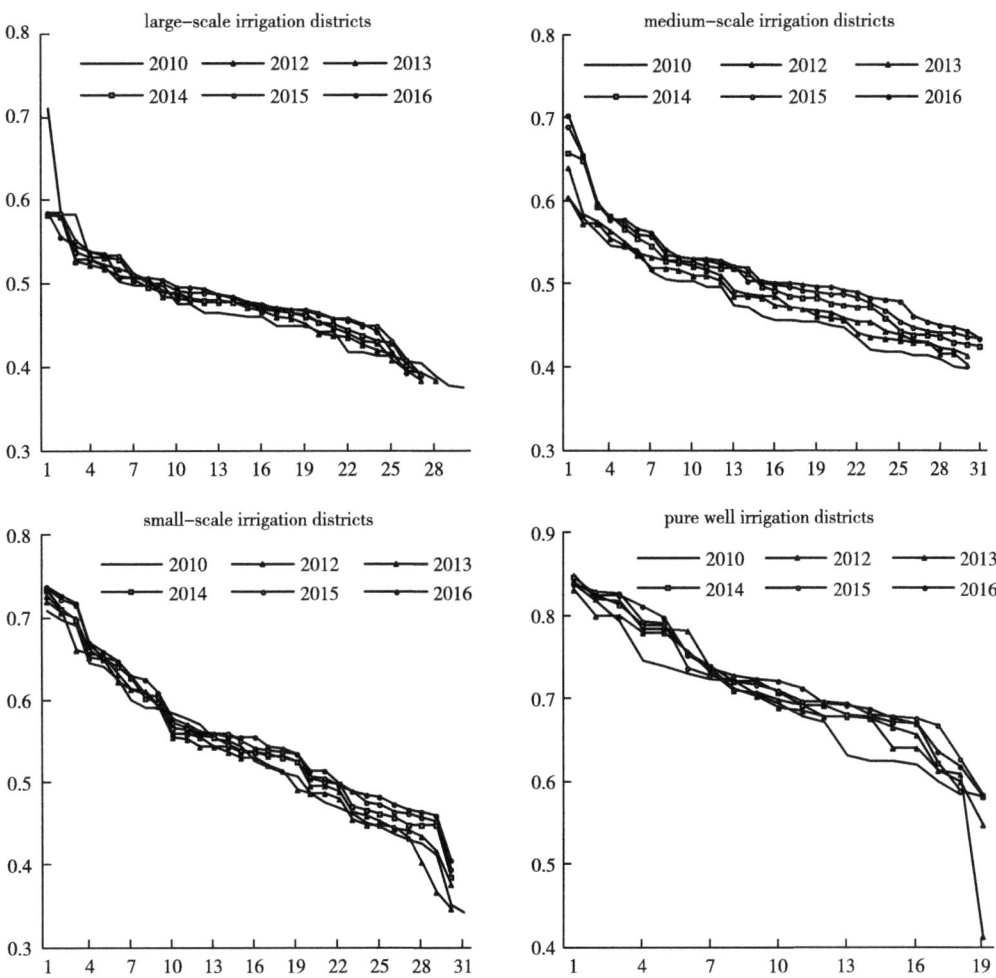

Figure 3 Order-scale map of farmland irrigation water use coefficients in different sized irrigation districts from 2010 to 2016

and coefficients in pure well irrigation districts was mainly distributed between 0.548-0.848. The comparative analysis of the coefficients in different irrigation scales indicates that the overall performance was, from highest to lowest: pure well irrigation area > small-scale irrigation districts > medium-scale irrigation districts > large-scale irrigation districts. On the whole, the coefficients in different irrigation scales had increased annually from 2010-2016; however, the gap between different scales of irrigation districts was large. In 2016, the coefficient in the pure well irrigation districts was 0.245 higher than that of the large-scale irrigation districts.

4.2 Annual variation characteristics

Take the provincial farmland irrigation water use coefficient as an example, logarithmic transformation of the bit order and its corresponding coefficient value. A scatter plot was drawn with the logarithm of the bit order as the abscissa and the logarithm of the national farmland irrigation water use coefficient as the ordinate, using a first-order linear model to fit the points (Figure 4). The results showed that the national coefficient in all years was in accordance with Zipf's law because a linear model fit well in the order-scale distribution in 2010-2016, that was, there was a scale independent range, and the R^2 of the expression was above 0.9. The q values in 2010-2016 were less than 1, and showed a decreasing trend from year to year. The decreasing trend indicates that the gap in the coefficients between provinces was shrinking from year to year, and the distribution changed towards an equilibrium distribution trend. However, in 2016, the highest and lowest values of the farmland irrigation water use coefficients in China differed by 0.31. The difference suggested that there was still a great need for the improvement of irrigation water use efficiency.

5. Spatial differentiation results

A time series analysis was performed on 2010 and 2016 data as typical years, using ESDA-GIS. The spatial pattern of the farmland irrigation water use coefficients in China was analyzed to determine overall trend, global autocorrelation and partial autocorrelation.

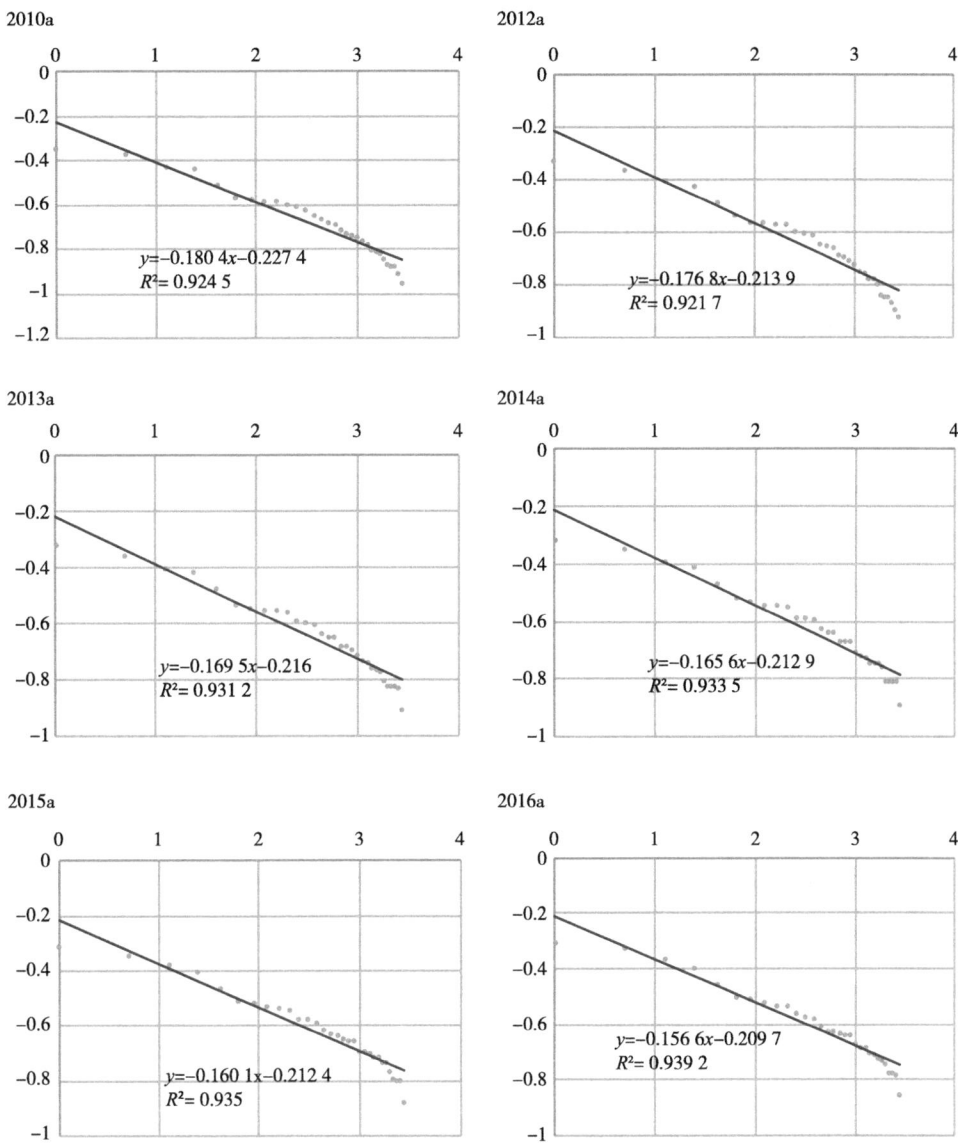

Figure 4 National farmland irrigation water use coefficient order-scale double logarithmic map from 2010 to 2016

5.1 overall trend

Prior to the spatial analysis to determine trends in the farmland irrigation water use coefficients in 2010 and 2016, we used the Geostatistical Analyst module provided in ArcGIS10.0 to execute the normal QQ diagram command. Both years showed that the national farmland irrigation water use coefficients followed a normal distribution. The coefficients of variation for the two years were 0.165 and 0.143, respectively, indicating that there were spatial differences in the provincial farmland irrigation water use coefficient, but the differences were not significant.

The national farmland irrigation water use coefficients of 2010 and 2016 shows that: (1) On the whole, the coefficients in the eastern region was significantly higher than that in the western region, especially in the eastern and central regions represented by Haihe District and Huaihe District. (2) The coefficients in coastal areas were higher than that in inland areas. (3) In 2016, the farmland irrigation water use coefficients in the districts of Zhuhe, Yellow River, Songhua River and Liaohe in Northwest China increased significantly from below 0.430 to above 0.525. (4) In 2016, the coefficient in north China was 37.833% higher than that in southwest China.

Using the trend analysis tool in ArcGIS10.0, the three-dimensional perspective analysis of the farmland irrigation water use coefficients in the nation, large-scale, medium-scale, small-scale and pure well irrigation districts in 2010 and 2016 was carried out. The coefficients were used as the height value (Z-axis value), the X and Y-axes represent the cardinal directions pointing to the east and north, respectively (Figure 5). In the analysis of coefficients, the differences among provinces were obvious. The trend in the east-west direction displayed an exponential curve, which gradually rose from west to east. From north to south, the farmland irrigation water use coefficient gradually decreased, indicating that the coefficient was higher in the north than that in the south.

In the large-scale irrigation districts in China (Figure 6), the differences of the coefficients between provinces in 2010 were significant. The coefficients rose from west to east. An inverted U-shaped curve was observed in the north-south direction, rising from the south to the north and then descending, indicating that the eastern and central regions' coefficients were higher than that in other regions. By 2016, the overall curves rose compared to curves in 2010. The difference between the eastern and western provinces narrowed, while the difference between the north and the south increased. The coefficients remained high in the central and eastern regions and was consistent with the water shortage conditions in Huaihe and Haihe districts.

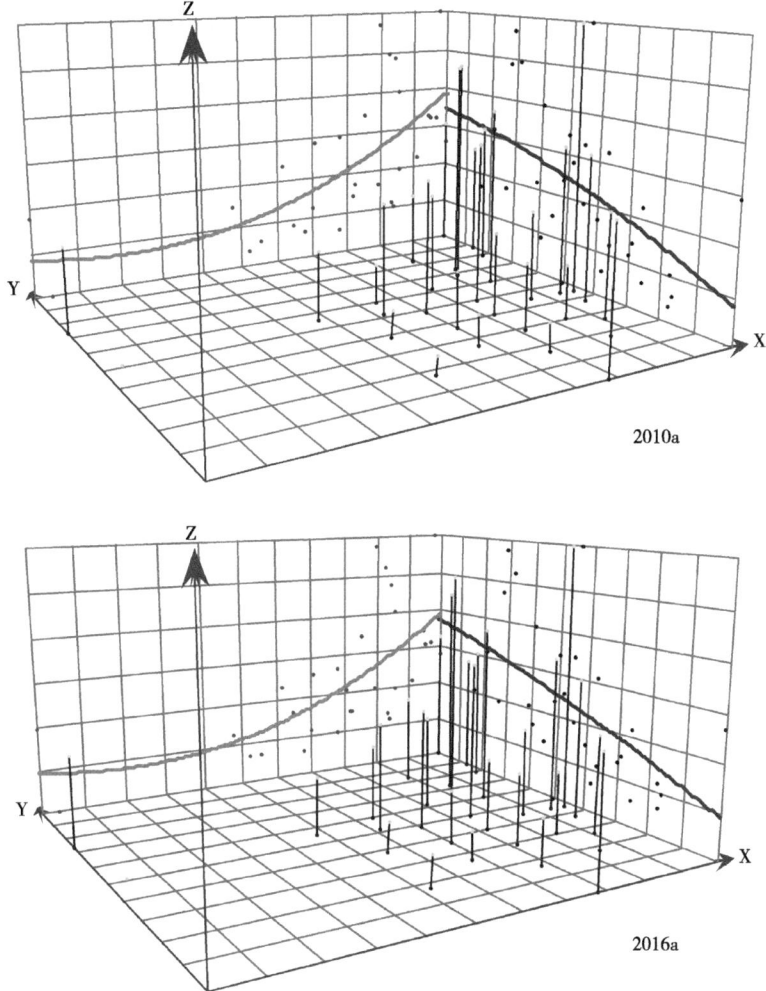

Figure 5　Comparison and analysis of the trend of the national coefficients in 2010 and 2016

Remarks: the curves indicate the fitting curve of the farmland irrigation water use coefficients in the X and Y directions. The Z-axis represents the farmland irrigation water use coefficients values in provinces, the X-axis represents province location from west to east, and the Y-axis represents province location from south to north.

The farmland irrigation water use coefficients trend in medium-scale irrigation districts in 2010 and 2016 was similar to that in large-scale irrigation districts. However, the difference between north and south gradually narrowed in 2016. The trend of farmland irrigation water use coefficients in small-scale irrigation districts was approximately the same as that in the nation.

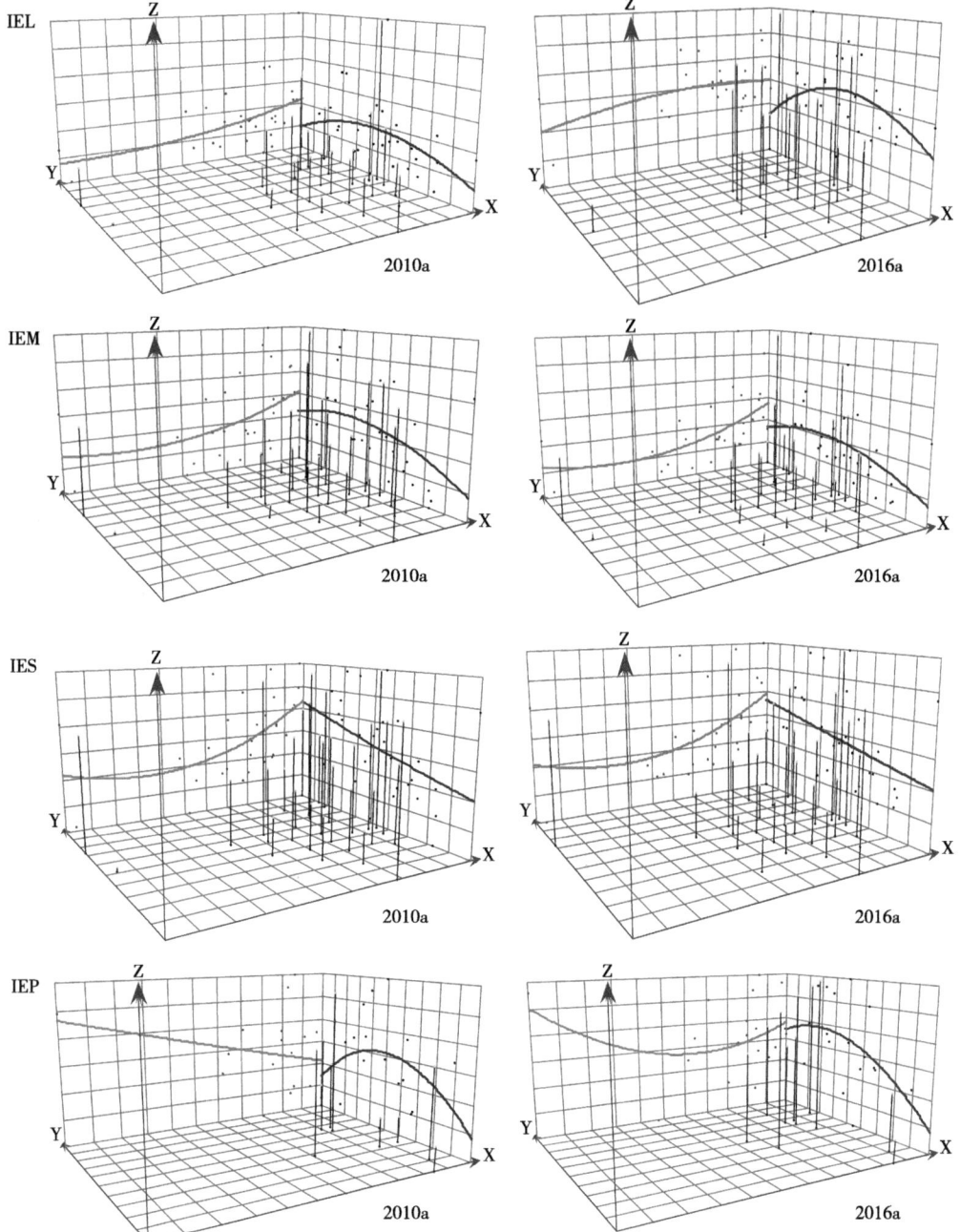

Figure 6　Comparison of the farmland irrigation water use coefficient in 2010 and 2016

Remarks: IEL indicates the farmland irrigation water use coefficients in large-scale irrigation area, IEM indicates the farmland irrigation water use coefficients in medium-scale irrigation area, IES indicates farmland irrigation water use coefficients in small-scale irrigation area, and IEP indicates the farmland irrigation water use coefficients in pure well irrigation area (the same below). The curves indicate the fitting curve of the farmland irrigation water use coefficients in the X and Y directions.

Although fewer provinces had pure well irrigation areas, the spatial differences of farmland irrigation water use coefficients were obvious. We observed a trend of high coefficients in the west and low coefficients in the east. We observed a peak of coefficients in the middle of China, low coefficients in north and south, then it transfers to high coefficients in the north and low coefficients in the south. Among the provinces, Shandong, Liaoning, Xinjiang, Tianjin had the highest coefficients, greater than 0.81. Guangdong and Qinghai had the lowest coefficients; the coefficient of Qinghai Province was 0.581.

5.2 Space spillover effect

The spatial spillover effect refers to the potential dependence between the research object and the surrounding features of the surrounding area, or the influence of the research object on the surrounding area. It was measured by the Moran index of global autocorrelation.

The results of the global spatial autocorrelation calculation of the national farmland irrigation water use coefficients showed that their index in 2010-2016 passed the significance test at a 5% level (Table 1). The positive results indicate that the provincial farmland irrigation water use coefficients had positive autocorrelation in space, which clearly indicated a spatial spillover effect of the national farmland irrigation water use coefficients.

Table 1 Moran's I and Z value of the national farmland irrigation water use coefficients in different scale districts

Year	IE		IEL		IEM		IES		IEP	
	Moran's I	P	Moran's I	P	Moran's I	P	Moran's I	P	Moran's I	P
2010	0.201	0.025**	0.098	0.1*	0.053	0.181	0.139	0.550	0.392	0.002***
2012	0.202	0.03**	0.003	0.365	0.057	0.169	0.018	0.298	0.415	0.001***
2013	0.193	0.026**	0.024	0.271	0.061	0.196	0.018	0.306	−0.019	0.195
2014	0.190	0.026**	0.031	0.273	0.135	0.580	0.376	0.001***	0.415	0.001***
2015	0.185	0.037**	0.027	0.280	0.132	0.068*	0.006	0.329	0.385	0.001***
2016	0.183	0.025**	−0.053	0.433	0.182	0.055*	0.003	0.323	0.411	0.001***

Remarks: *, **, *** respectively indicate that the calculation results pass the significance test of 10%, 5%, and 1%.

Over time, the space spillover effect gradually weakened from 2010-2016, which may be due to the fact that the gap in irrigation water use efficiency between provinces was shrinking from year to year, and the spatial distribution tended to be similar in farmland irrigation water use coefficients. The results of local autocorrelation analysis showed that Beijing, Tianjin, Hebei, and Jiangsu provinces were always categorized in the HH agglomeration type area, mainly due to the over-exploitation of groundwater in North China and the implementation of high-efficiency water-saving projects on a large scale, thus the farmland irrigation water use coefficient was high.

The Moran index calculation results (Table 1) showed that only IEL data from 2010, IEM data from 2015 and 2016, IES data from 2014 had passed the significance test, indicating that the farmland irrigation water use coefficients in these three irrigation types were randomly distributed in space, and the spatial spillover effect was not obvious. The pure well irrigation area showed positive spatial autocorrelation in 2010-2016, except 2013, and the index values fluctuated over time. The results in table 1 showed that there was a spatial spillover effect on the farmland irrigation water use coefficients in the pure well irrigation area, and the effect varied greatly with time and in spatial distribution. The analysis result of local spatial spillover effects showed that the HH agglomeration areas were mainly concentrated in North and Northeast China, and the LL agglomeration areas were mainly concentrated in the Yunnan-Guizhou Plateau and Hunan (Table 2). The HL accumulation was more obvious in Guangdong Province.

Table 2　Local spatial spillover effect of the farmland irrigation water use coefficients in pure well irrigation districts from 2010 to 2016

year	HH	LL	LH	HL
2010	Inner Mongolia, Shanxi, Shandong, Henan, Hebei, Beijing	Hunan, Yunnan, Guizhou		
2012	Inner Mongolia, Shanxi, Shandong, Henan, Hebei, Beijing, Jilin, Ningxia	Hunan, Yunnan, Guizhou		Guangdong

year	HH	LL	LH	HL
				continued
2014	Inner Mongolia, Shanxi, Shandong, Henan, Hebei, Jilin, Gansu	Hunan, Yunnan, Guizhou, Guangxi		Guangdong
2015	Inner Mongolia, Shanxi, Shandong, Hebei, Jilin	Hunan, Yunnan, Guizhou		Guangdong
2016	Inner Mongolia, Shandong, Shanxi, Henan, Hebei, Beijing, Gansu	Hunan, Yunnan, Guizhou, Guangxi		

Remarks: Data from 2013 didn't pass the significant test.

6. Conclusions

With increasing social awareness of the need for water conservation and the progress in technological developments, the utilization rate of irrigation water has increased in China. Our study showed that the gap of provincial farmland irrigation water use coefficient was shrinking from year to year, and the spatial distribution of farmland irrigation water use coefficient had changed from disparity in provinces to a balanced development trend. Differences in the farmland irrigation water use coefficient were clear among the different types of irrigation areas: pure well irrigation area > small-scale irrigation area > medium-scale irrigation area > large-scale irrigation area.

As for the spatial distribution, the farmland irrigation water use coefficient in the eastern region was significantly higher than that in the western region, and the coefficient in north China was 0.173 higher than that in southwest China in 2016. The farmland irrigation water use coefficient in coastal areas was higher than that in inland areas. In terms of temporal changes, the farmland irrigation water use coefficients in the Northwest rivers District, Yellow River District, Songhua River District and Liaohe River District had increased significantly from 2010 to 2016.

Similarly, the farmland irrigation water use coefficients in different scales of irrigation districts spatially varied. The trends of large, medium and small-sized irrigation districts were roughly the same. The highest coefficients of each province were observed in the central and eastern regions. The differences in the east-west direction narrowed among provinces, while differences in the north-south direction increased.

Spatial variation showed spatial spillover effects. The spatial spillover effect gradually weakened from 2010−2016, which was congruent with the conclusion that the distribution of irrigation water use efficiency tends to a homogenized transformation; the degree of spatial agglomeration decreased and the spillover effect weakened. The farmland irrigation water use coefficients in large-scale, medium-scale and small-scale irrigation areas presented random distribution in space, and the spatial spillover effect was not obvious. In contrast, the farmland irrigation water use coefficients in the pure well irrigation area indicated a spatial spillover effect that varied greatly with time.

We clearly observed spatial and temporal variation of farmland irrigation water use coefficients in China. However, a wide variety of studies show that, improving the efficiency of irrigation cannot conduce to water saving and a sustainable use of resources (Adamson and Loch, 2014; Connor et al., 2012; Levidow et al., 2014; Scott et al., 2014). There may be a rebound effect (Berbel et al., 2018), which is defined as the paradoxical increase in water consumption resulting from the introduction of more efficient irrigation technology aimed at reducing water use. So, much more studies associated with cross-distribution of crop species, density and the irrigation water use should be done.

Declarations of interest: none.

Acknowledgements

This work is part of the doctoral research of the first author at the Institute of Agricultural Resources and Regional Planning of Chinese Academy of Agricultural Sciences. The authors would like to thank the reviewers for their constructive comments.

References

ADAMSON D, LOCH A, 2014. Possible Negative Feedbacks from "Gold-Plating"

Irrigation Infrastructure[J]. Agricultural Water Manage ment, 145: 134-144.

ALI M K, KLEIN K K, 2014. Water Use Efficiency and Productivity of the Irrigation Districts in Southern Alberta[J]. Water Resources Management, 28 (10): 2751-2766.

ANSELIN L, 1995. Local Indicators of Spatial Association—LISA[J]. Geograph Analysis, 27 (2): 93-115.

BERBEL J, MARÍN C G, EXPÓSITO A, 2018. Impacts of Irrigation Efficiency Improvement on Water Use, Water Consumption and Response to Water Price at Field Level[J]. Agricultural Water Management, 203 (30): 423-429.

CHINA IRRIGATION AND DRAINAGE DEVELOPMENT CENTER, DEPARTMENT OF RURAL WATER AND HYDROPOWER, MWR. 2018. The Theoretical Method and Application of Measuring the Effective Utilization Coefficient of Irrigation Water[M]. Beijing: China Water and Power Press.

CONNOR J D, SCHWABE K, KING D, et al., 2012. Irrigated Agriculture and Climate Change: The Influence of Water Supply Variability and Salinity on Adaptation[J]. Ecological Economics, 77: 149-157.

DENG X P, SHAN L, ZHANG H P, et al., 2006. Improving Agricultural Water Use Efficiency in Arid and Semiarid Areas of China[J]. Agricultural Water Management, 80 (1-3): 23-40.

ECTORS W, KOCHAN B, JANSSENS D, et al., 2018. Zipf's Power Law in Activity Schedules and the Effect of Aggregation[J]. Future Generation Computer Systems, 109: 225-232.

FU Q, LIU Y, LI T X, et al., 2017. Analysis of Irrigation Water Use Efficiency Based on the Chaos Features of a Rainfall Time Series[J]. Water Resources. Management, 31 (6): 1961-1973.

FURCERI D, 2008. Zipf's Law and World Income Distribution[J]. Applied Economics Letters, 15 (12): 921-923.

HASSANLI A M, AHMADIRAD S, BEECHAM S, 2010. Evaluation of the Influence of Irrigation Methods and Water Quality on Sugar Beet Yield and Water Use Efficiency[J]. Agricultural Water Management, 97 (2): 357-362.

JIANG G H, SHAN S, JIANG L, et al., 2002. A New Rank-Size Distribution of

Zipf's Law and its Applications[J]. Scientometrics, 54（1）: 119-130.

JIANG W L, WANG H R, LIU Y, et al., 2018. China's Agricultural Water Security[M]. Wu Han: Hu Bei Science & Technology Press.

KARAGIANNIS G, TZOUVELEKAS V, XEPAPADEAS A, 2003. Measuring Irrigation Water Efficiency with a Stochastic Production Frontier[J]. Environmental & Resource Economics, 26（1）: 57-72.

KOT M, SILVERMAN E, BERG C A, 2003. Zipf's Law and the Diversity of Biology Newsgroups[J]. Scientometrics, 56（2）: 247-257.

LEE S O, JUNG Y H, 2018. Efficiency of Water Use and its Implications for a Water-Food Nexus in the Aral Sea Basin[J]. Agricultural Water Management, 207: 80-90.

LEVIDOW L, ZACCARIA D, MAIA R, et al., 2014. Improving Water-Efficient Irrigation: Prospects and Difficulties of Innovative Practices[J]. Agricultural Water Management, 146: 84-94.

MATEOS L, ARAUS J L, 2016. Hydrological, Engineering, Agronomical, Breeding and Physiological Pathways for the Effective and Efficient Use of Water in Agriculture[J]. Agricultural Water Management, 164（1）: 190-196.

PEREIRA L S, I CORDERY, IACOVIDES I, 2012. Improved Indicators of Water Use Performance and Productivity for Sustainable Water Conservation and Saving[J]. Agricultural Water Management, 108（1）: 39-51.

RODRIGUES G C, CARVALHO S, PAREDES P, et al., 2010. Relating Energy Performance and Water Productivity of Sprinkler Irrigated Maize, Wheat and Sunflower Under Limited Water Availability[J]. Biosystems Engineering, 106: 195-204.

SCOTT C A, VICUÑA S, GUTIÉRREZ I B, et al., 2014. Irrigation Efficiency and Water-Policy Implications for River Basin Resilience[J]. Hydrology and Earth System. Sciences Discussions, 18（18）: 1339-1348.

SUN H Y, ZHANG X Y, WANG E L, et al., 2015. Quantifying the Impact of Irrigation on Groundwater Reserve and Crop Production—A case Study in the North China Plain[J]. European Journal of Agronomy, 70: 48-56.

SURHONE L M, TIMPLEDON M T, MARSEKEN S F, 2010. Rank-Size

Distribution. 2010.

TRENTACOSTE E R, PUERTAS C M, SADRAS V O, 2015. Effect of irrigation and tree density on vegetative growth, oil yield and water use efficiency in young olive orchard under arid conditions in Mendoza, Argentina[J]. Irrigation Science, 33(6): 1-12.

TURRAL H, SVENDSEN M, FAURES J M, 2010. Investing in Irrigation: Reviewing the Past and Looking to the Future[J]. Agricultural Water Management, 97: 551-560.

WANG G S, LIANG Y P, ZHANG Q, et al., 2016. Mitigated CH_4 and N_2O Emissions and Improved Irrigation Water Use Efficiency in Winter Wheat Field with Surface Drip Irrigation in the North China Plain[J]. Agricultural Water Management, 163: 403-407.

WANG Y B, WU P T, ENGEL B A, et al., 2015. Comparison of Volumetric and Stress-Weighted Water Footprint of Grain Products in China[J]. Ecological Indicators, 48: 324-333.

ZIPF G K, 1935. The psychobiology of language[M]. Boston: Houghton-Mifflin.

ZIPF G K, 1949. Human behavior and the principle of least effort: an introduction to human ecology[M]. Cambridge: Addison-Wesley.

专题研究2

农业节水：重点在田间
——以河北省邯郸市、邢台市为例

姜文来 栗欣如

"万物莫不以生，唯知其托者能为正。具者，水是也。"水，是万物之本原。党和国家历来重视节水工作，把水安全上升为国家战略，先后实施最严格水资源管理制度，开展水资源税试点，加大农业水价综合改革力度等措施促进水资源合理开发利用和节约保护。农业是我国第一用水大户，2017年农业用水达全社会用水总量的62.23%。可见，农业用水的有效发展，将大大有助于缓解日益尖锐的水资源供需矛盾，同时也将为乡村振兴增添现代化活力。

1 邯郸市、邢台市农业节水管理现状

河北省邯郸市、邢台市农业用水量分别为12.98亿m^3、11.9亿m^3，占总用水量的69.65%、75.17%。其中，农业灌溉用水量均占农业用水量的96.97%，且以抽取地下水为主，开采量较大，给水资源带来巨大压力。对此，两市在节水灌溉方面采取了"多举措、齐发力"的方式，力求合理利用水资源，提高农业用水效率。

河北邯郸市、邢台市主要有两类节水灌溉管理方式，节水效果明显。一是适用于分散性种植的节水灌溉管理，主要在输送方式上采用高标准管灌和

本文收录于《中国农业综合开发》，2019年第4期。

普通节水模式灌溉，由用水者协会负责工程的日常维护管理。高标准管灌主要做法是，用管道将灌溉水输送至田间地头，再用小白龙、格田、畦田相结合的节水灌溉方式。据调研，普通节水灌溉方式用水60~70m³/（亩·次），高标准管灌用水量45~55m³/（亩·次），可节水约20%以上。虽然高标准管灌比通常的大水漫灌节水，但从某种意义上来说，这种方式仍然属于漫灌。二是适用于规模化种植的节水灌溉管理，主要在灌溉技术上采用喷灌、滴灌、小管出流、微喷+滴灌等高效节水方式，由合作社、个体大户、龙头企业等对灌溉工程进行统一维修、管护和使用。据调研，喷灌用水量35~40m³/（亩·次），较普通节水灌溉方式节约1/3以上；滴灌用水量20~30m³/（亩·次），可节水50%以上。

2 可借鉴的农业节水经验和措施

邯郸市、邢台市农业节水经历了很长一段时间，拥有丰富的农业节水经验和措施，值得借鉴和参考。

一是逐步使用地表水代替地下水，地下水超采得到初步遏制。通过地下水超采综合治理项目，不断提高压采地下水量，地表水工程通过打通连接灌排渠系，建设分水、调水、提水、蓄水工程举措，增加调蓄水能力和地表水灌溉面积。

二是因地制宜采取不同的节水灌溉工程措施。河北省邯郸市、邢台市的农业节水工作以深层、浅层地下水超采区为重点，根据各项目区特点，采取不同的节水措施。大田作物种植区以高标准管道输水灌溉配套小畦灌溉和水肥耦合等农艺节水措施为主；对于土地流转程度高、形成规模化经营的种粮大户、小型家庭农场以及果树、蔬菜等经济作物种植区，大力推广喷灌和微灌工程技术，配套水肥一体化农艺节水措施；在引黄灌区和有条件的地表水灌区，重点推广渠道防渗或管道输水节水灌溉工程+农艺节水+管理节水技术模式；在咸水区，重点推广咸淡混浇管道输水一体化技术；山丘区开展小水池、水窖等"五小水利"工程建设，配套渠道防渗、管道输水等工程高效利用水资源。

三是积极推广多种种植结构调整，逐步退出高耗水作物种植。主要实行冬小麦季节性休耕、旱作雨养种植试点、推广节水品种及配套技术，以及推广节水型密植林果和旱作农业新模式等灌溉节水方式。

四是创新用水管理体制。主要做法是加快推进水权制度改革、农田水利工程改革和农业水价综合改革,建立健全基层服务和取用水监控"两个网络",把水权确权到每个用水农户,并发放水权证,实行灌溉定额管理,推广"超用加价"改革模式,配套电磁流量计、雷达式水位计、智能井房等计量设施,探索节水工程可持续发展新路径。同时,充分发挥基层水利站和农民用水者协会作用,积极发展灌溉服务有限公司、水肥一体化服务组织等专业化、市场化服务组织。

3 阻碍农业节水的因素

2017年,邯郸市、邢台市节水灌溉比例分别为89.55%、66.49%,两市年灌溉用水总量较2013年减少1.15亿m^3,节水效果显著。但农业用水仍然存在大水漫灌现象,主要有两种形式:一种是传统形式的以土渠输水为方式的大水漫灌,这种方式大部分在山丘区;另一种是管道输送的地面自流漫灌,主要存在于平原地区。这种现象存在的主要原因如下。

一是华北地区土地集约化程度不高,大面积适用于集约农业的工程节水模式推广受到限制。喷、滴灌适用于种植结构一致、浇灌时间统一的土地流转地块,而华北地块相对小而分散,作物种类和喷、微灌时间不一。

二是滴灌、喷灌等高效节水灌溉工程续建配套投入不足。农户使用的滴灌、喷灌、小管出流等节水管道设备,生命周期较短,一般为2~3年,最多3~5年就出现老化、破旧现象,以分散种植为主的农户,考虑到成本投入,不会自己出资继续使用,致使部分节水设施在设备老化后形同虚设,大水漫灌现象时有发生。

三是没有形成节水的长效机制。现有的农业节水措施如调整种植模式、旱作雨养,主要靠政策扶持和财政补贴,调整种植模式项目(季节性休耕)每亩补助500元,旱作雨养种植试点项目每亩补助800元。项目补贴标准较低,农户积极性不高,而且,仅靠国家对节水项目的补贴并不能形成农业节水的长效机制。

4 农业节水未来努力的方向

农业节水主要是在农田灌溉中实现水资源节约,促进水资源的有效利用。农业仍有很大的节水潜力,需要从5个方面努力。

一是将田间节水作为节水重点。加大农艺和生物节水技术力度,研发和突破高效用水作物品种、种植制度和节水技术，形成地下水压采措施下作物稳产和高水分利用效率同步的技术体系。建立适水农业种植结构，调整冬小麦灌溉制度，由高产灌溉转为限水稳产灌溉，发展旱地、半旱地轮作休耕制度，适度缩减高耗水蔬菜种植规模。适当采取计量农业用水，加强各层级部门间的协调力度，安装水电一体计量装置，实现以水定电，以电控水。因地制宜地推广滴灌、喷灌，提升高效节水比例。

二是加大农田水利建管资金投入。重视工程节水建设质量，形成管护和运行长效机制，加大建设资金投入，提升工程设计和建设标准，杜绝"重建设、轻管理"现象，保证节水灌溉工程能够长期有效运行。加大对山丘区小型水利工程和灌区骨干渠道、田间末级渠道防渗配套建设和管护投资力度，不断提高雨洪资源利用率，降低水在"最后一公里"的消耗，提高灌溉水利用率。

三是深入推进农业水价综合改革。建立合理水价形成机制，推行收费到户的终端水价，提高农业用水效率。建立精准补贴和节水奖励机制，超罚节奖，提升农民的节水积极性。推进农业水权制度改革，建立和完善水权转换和交易制度。建立大中型灌区续建配套节水改造、高标准农田建设、新增千亿斤粮食田间工程、农业综合开发等涉及农田水利建设项目同步推进机制，明确将计量设施建设、相关机制建立作为项目实施的重要内容。

四是积极引导土地流转。根据规模化种植便于实施高效节水灌溉的特点，引导农民向种植业大户、专业合作组织和农业产业化龙头企业流转土地，实现规模化作业，统一播种、统一浇水、统一施肥，达到"节水增产、节水增效、农民增收"的目的。

五是强化农民节水意识。各有关部门、地区和灌区管理单位要加强政策解读和舆论引导，加强水情教育，进一步加大农业节水宣传力度，增强农民节水意识，让农民节水成为一种自觉行动。

专题研究3

高效节水灌溉是推进农业绿色发展的重要途径

粟欣如　姜文来

近年来，我国农业节水工作成效显著，但农业用水短缺、灌溉用水效率不高、区域供用水矛盾等问题随着新时代农业发展进一步凸显，成为现阶段影响水资源高效利用、农业绿色发展、节水型社会建设的重要制约因素。中国农业用水占总用水量的60%以上，农业用水效率提升特别是农田灌溉用水效率提高十分必要和紧迫。目前，我国农田灌溉面积和用水效率区域差异明显，从农业发展和水资源分布格局看，应因地制宜制定农业用水综合管理方案，实施区域差异化节水措施和农业用水管理制度。

一、全国灌溉面积情况

（一）全国总灌溉面积不断扩大，耕地灌溉面积占比超90%

全国灌溉面积呈现逐年扩大态势。2010年全国灌溉面积6 635.23万hm^2，到2017年扩大至7 394.61万hm^2，增加了11.44%。2017年全国31省（自治区、直辖市）（我国港澳台地区除外，下同）中，新疆、黑龙江、山东、河南、河北灌溉面积居全国前5位，灌溉面积分别为647.53万hm^2、605.62万hm^2、577.00万hm^2、538.98万hm^2和483.11万hm^2。

本文收录于《中国农业综合开发》，2020年第5期。

全国耕地实灌面积由2010年的5 258.90万hm², 扩大至2017年的5 855.33万hm², 年均扩增74.55万hm²。2017年, 全国31省(自治区、直辖市)的农田灌溉面积占灌溉总面积比例均超过了50%, 其中重庆的农田灌溉面积达到100%, 黑龙江省农田灌溉面积占比达到了99.58%, 而这一数值曾在2010年达到99.77%。

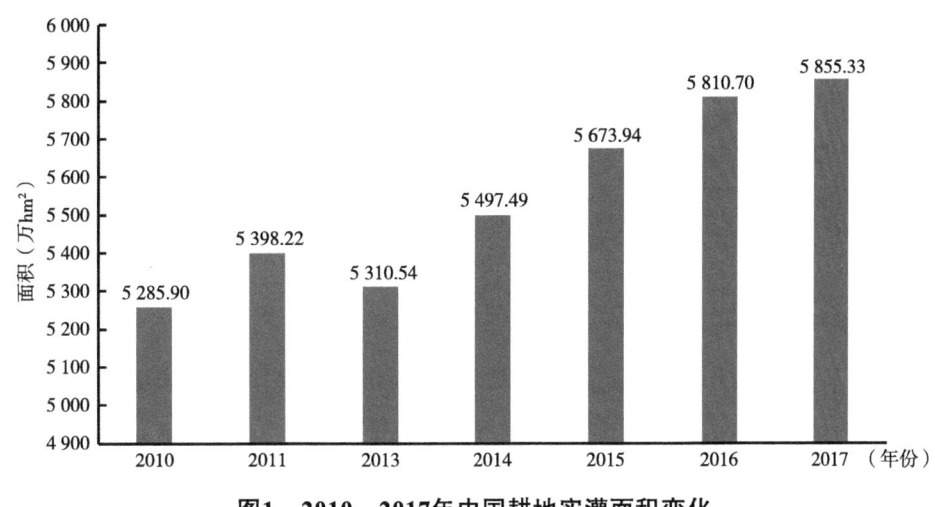

图1　2010—2017年中国耕地实灌面积变化

（二）中国节水灌溉面积呈现波动上升趋势，低压管灌面积占比逐年上升

2010—2017年中国节水灌溉面积呈现波动上升趋势。2010年节水灌溉面积合计2 731.39万hm², 到2017年已扩大至3 431.90万hm², 比2010年扩增25.65%, 年均增加节水灌溉面积87.56万hm²。2017年, 中国有23省(自治区、直辖市)节水灌溉面积较2010年有所增长。其中吉林节水灌溉面积增幅最大, 增长了188.97%。

目前全国高效节水灌溉方式主要有喷灌、微灌、低压管灌等方式。低压管灌面积占比最大, 2017年低压管灌面积达到999.01万hm²; 微灌是仅次其后, 达628.35万hm²; 喷灌面积为427.75万hm²。2017年67.74%的省份以低压管灌为主, 北京、天津、河北、山西、上海、山东、河南和西藏低压管灌面积占节水灌溉总面积比值超过50%, 其中河北占比最高, 达78.75%(表1)。

表1　中国农业高效节水灌溉情况

灌溉类型	2010年	2017年
以喷灌为主	辽宁、吉林、黑龙江、安徽、江西、湖南、广东、海南、青海	吉林、黑龙江、安徽、福建
以微灌为主	新疆	内蒙古、辽宁、江西、甘肃、宁夏、新疆
以低压管灌为主	北京、天津、河北、山西、内蒙古、上海、江苏、浙江、福建、山东、河南、湖北、广西、重庆、四川、贵州、云南、西藏、陕西、甘肃、宁夏	北京、天津、河北、山西、上海、江苏、浙江、山东、河南、湖北、湖南、广东、广西、海南、重庆、四川、贵州、云南、西藏、陕西、青海

二、全国农田灌溉用水效率特征

灌溉水有效利用系数是在某次或某一时间内被农作物利用的净灌溉水量与水源渠首处总灌溉引水量的比值，是衡量灌溉用水效率的重要指标。我国农田灌溉用水效率有以下几个特征。

全国农田灌溉用水效率持续提升。2010—2018年，全国农田灌溉水有效利用效率持续提升，2018年灌溉水有效利用效率为0.554，也就是说超半数以上的总灌溉引水量可被农作物利用。比2010年提升了10.6%，年均提升1.3%，为保障我国粮食安全作出了重要贡献。

不同类型灌区的灌溉用水效率逐年上升，但差异较大。全国大、中、小型灌区和纯井灌区的灌溉水有效利用系数中，纯井灌区效率最高，小型灌区次之，大型灌区最低，纯井灌区效率比大型灌区效率高49.80%。小型灌区灌溉用水效率明显高于中型灌区和大型灌区，效率分别提升了9.35%和5.91%。

全国超45%省份农业用水效率高于全国平均水平，农田灌溉用水效率区域差异明显。2017年全国31省（自治区、直辖市）中，有14个省份农业用水效率超过全国平均水平，上海、北京和天津农业用水效率排名前三位，均大于0.70；其中上海已达0.736。近些年，全国各省份农田灌溉用水效率均逐年上升，但区域之间仍存在明显差距，呈现"东部高于西部、北部高于南部"的格局。

三、高效灌溉节水面临的主要问题

高效灌溉节水面积扩展缓慢。2017年全国节水灌溉面积占灌溉总面积的比例为46.41%,喷灌和微灌面积占灌溉总面积的比例不足15%。目前,灌溉用水约占全国用水总量的55%,如果大力推行高效节水灌溉方式,节约水量将非常可观。

灌溉用水效率仍需进一步提升。尽管我国农田灌溉用水效率逐年提升,但和国外先进国家相比,我国比其低20%~30%,尚有一定潜力可挖。从区域上看,目前我国农业灌溉用水效率地区差异明显,北方地区,尤其是缺水地区,用水效率提升较快,而南方地区用水效率普遍低于北方地区。

农业灌溉配套基础设施建管与农业用水管理制度尚未有机结合。最严格水资源管理、农业水价综合改革等制度正有序推进,但农业灌溉的基础设施配套不足,如部分地区未能做到用水计量,滴灌、喷灌等高效节水灌溉工程后期管护不到位,导致设备老化后形同虚设。

四、提高灌溉用水效率的建议

我国农业用水相对短缺,提升农业用水效率是解决短缺的重要途径。农业灌溉发展地区差异明显,需根据区域实际情况制定提升农田灌溉用水效率方案,这对农业绿色发展具有重要促进作用,将其作为重要任务来抓非常必要。

(一)因地制宜分区采取高效节水措施

我国水资源禀赋区域差异明显,农业种植结构不一,经济发展水平参差,进而形成农业用水效率差异。对此,应结合区域特点因地制宜地采取节水措施,在农田灌溉效率较低的西部地区,不断降低灌溉输水过程损失,加快推进滴灌、喷灌、浅埋滴灌等高效节水技术。在农田灌溉效率较高的东部地区,在继续推广高效灌溉技术的同时,探索推广工程与农艺、农机、管理等节水灌溉配套集成模式。

(二)加快推进农田水利设施提档升级

加快地区大中型灌区续建配套与现代化改造,推进田间用水计量设施建设。开展小型农田水利设施达标提质,推进灌溉信息化和智能化。加强节水灌溉技术研发及应用推广，开展从水源到田间整体设计，集中投入、建设一批重大高效节水灌溉工程试点。

（三）在高标准农田建设区大力推进农业水价综合改革

实践表明，农业水价综合改革是提升农田灌溉用水效率的重要手段。建议将农业水价综合改革作为高标准农田建设的一项重要内容。鼓励地区通过发布灌溉用水定额、明晰初始水权、健全农业水价形成机制、建立精准补贴制度、完善农业用水计量设施等措施，有序推进农业水价综合改革。

（四）提升农业用水综合管理水平

建立农业用水总量控制制度，根据地区种植结构、种植规模，合理制订灌溉定额。依托国家重要农业资源台账，完善农业用水监测管理体系，逐步建立农业用水高效利用体系。在地下严重水超采区，减少地下水用水量，高效利用地表水，适当增加其他水源供水量。调整农业种植结构，发展适水农业种植，调整冬小麦灌溉制度，由高产灌溉转为限水稳产灌溉。